पगला घोड़ा

बादल सरकार

अनुवाद

प्रतिभा अग्रवाल

राजकमल पेपरबैक्स

पहला पुस्तकालय संस्करण
राजकमल प्रकाशन प्राइवेट लिमिटेड द्वारा
1974 में प्रकाशित

राजकमल पेपरबैक्स में
पहला संस्करण : 2014
छठा संस्करण : 2025

राजकमल पेपरबैक्स : उत्कृष्ट साहित्य के जनसुलभ संस्करण

राजकमल प्रकाशन प्रा.लि.
1-बी, नेताजी सुभाष मार्ग, दरियागंज
नई दिल्ली-110 002
द्वारा प्रकाशित

शाखाएँ : अशोक राजपथ, साइंस कॉलेज के सामने, पटना-800 006
पहली मंज़िल, दरबारी बिल्डिंग, महात्मा गांधी मार्ग, प्रयागराज-211 001
1, अनमोल सोराबजी सन्तुक लेन, धोबी तलाव, मरीन लाइंस, मुम्बई-400 002

वेबसाइट : www.rajkamalprakashan.com
ई-मेल : info@rajkamalprakashan.com

विकास कंप्यूटर एंड प्रिंटर्स
ट्रॉनिका सिटी-201 102
द्वारा मुद्रित

मूल्य : ₹250

PAGLA GHODA
Play by Badal Sarkar
Translated by Pratibha Agrawal

ISBN : 978-81-267-2620-2

बादल सरकार

जन्म : 15 जुलाई, 1925। उनके बिना भारतीय रंगमंच की चर्चा करना बेमानी है। मूल बांग्ला में लिखे होने के बावजूद उनके दर्जनों नाटक उसी तन्मयता के साथ अन्य भारतीय भाषाओं में अनूदित हुए और खेले जाते रहे हैं।

प्रकाशन : *एवम् इन्द्रजित, बाक़ी इतिहास, वल्लभपुर की रूप कथा, राम-श्याम, जादू, कवि कहानी, अबुहसन, सगीना महतो, स्पार्टाकस तथा सारी रात* (सभी नाटक) *एवम् इन्द्रजित* तथा *बाक़ी इतिहास* सहित कई नाटक मराठी, गुजराती, कन्नड़, मणिपुरी, असमी, पंजाबी, हिन्दी तथा अंग्रेज़ी में अनूदित तथा मंचित।

सम्मान : संगीत नाटक अकादमी का राष्ट्रपति सम्मान, नेहरू फैलोशिप आदि।

निधन : 13 मई, 2011

प्रतिभा अग्रवाल

जन्म : 10 अगस्त, 1930, वाराणसी। स्थायी निवास कोलकाता, 1945 से।

शिक्षा : हिन्दी साहित्य में एम.ए. एवं हिन्दी मुहावरों के संकलन, विवेचन-विश्लेषण एवं कोश-सम्पादन के शोधकार्य पर डी.फिल्. एवं डी.लिट्. की उपाधियाँ। अध्ययन, अध्यापन, लेखन एवं अनुवाद तथा रंगकर्म के विविध पक्षों के साथ गहरा लगाव। सन् 1971 से पूरे समय रंगमंचीय गतिविधियों के लिए समर्पित। लेखिका तथा अनुवादिका के अतिरिक्त हिन्दी रंगमंच में एक महत्त्वपूर्ण अभिनेत्री के रूप में भी प्रतिष्ठित।

मौलिक ग्रन्थ : *सूरदास* (नाटक, 1978), *सृजन का सुख-दुख* (रंग-संस्मरण, 1981), *खेल-खेल में* (बच्चों की कविताएँ, 1986), *मोहन राकेश* (1987), *हिन्दी मुहावरों का विवेचनात्मक विश्लेषण* (1988), *दस्तक ज़िन्दगी की, मोड़ ज़िन्दगी का* (आत्मकथाएँ, 1990 एवं 1996) तथा पयारे *हरिचन्दजू* (जीवनीपरक उपन्यास, 1997)।

लेखन एवं सम्पादन : मास्टर फिदा हुसैन : पारसी रंगमंच पर पचास वर्ष, हबीब तनवीर : एक रंग व्यक्तित्व।

रंगमंच के क्षेत्र में तथ्य संग्रह करनेवाली पहली संस्था नाट्य शोध संस्थान की 25 वर्ष पूर्व स्थापना और तभी से उसके संगठन व संचालन से सम्बद्ध।

प्रथम संस्करण से

पगला घोड़ा : अनुवादक की दृष्टि में

गाँव का निर्जन श्मशान, कुत्ते के रोने की आवाज, धू-धू करती चिता और शव को जलाने के लिए आए चार व्यक्ति-इन्हें लेकर नाटक का प्रारम्भ होता है। हठात् एक पाँचवाँ व्यक्ति भी उपस्थित हो जाता है-जलती हुई चिता से उठकर आई लड़की जो किसी का प्रेम न पाने की व्यथा को सहने में असमर्थ होकर आत्महत्या कर लेती है और जिसके शव को जलाने के लिए मुहल्ले के ये चार व्यक्ति उदारतापूर्वक राजी हो जाते हैं। अवश्य ही 'विलायती' का लोभ भी था। आत्महत्या करनेवाली के जीवन की घटनाओं की चर्चा करते हुए एक-एक करके चारों अपने अतीत की घटनाओं की ओर उन्मुख होते हैं, उन लड़कियों के, उन घटनाओं के बारे में सोचने को बाध्य होते हैं जो उनके जीवन में आई थीं और जिनका दुखद अवसान उनके ही अन्याय-अविचार के कारण हुआ था। आमतौर पर 'श्मशान-वैराग्य' की चर्चा सुनी जाती है किन्तु 'पगला घोड़ा' के पात्र श्मशान में बैठकर अपनी प्रेम-कहानियों को दुहराते हैं, उन सुखद-दुखद क्षणों में खो जाते हैं जो भले ही उनके जीवन का निर्णायक मोड़ न रहे हों पर उन लड़कियों के जीवन का निर्णायक मोड़ अवश्य थे, जो उन घटनाओं के बाद हताश-निराश हो आत्महत्या करती या मृत्यु को प्राप्त होती हैं।

किन्तु 'पगला घोड़ा' में नाटककार का उद्देश्य न तो श्मशान की बीभत्सता के चित्रण के द्वारा बीभत्स-रस की सृष्टि करना है और न ही अपराध-बोध का चित्रण। बादल बाबू के शब्दों में यह एक 'मिष्टि प्रेमेर गल्प' अर्थात् 'मधुर प्रेम-कहानी' है। जलती चिता से उठकर आई लड़की अपने अशरीरी अस्तित्व को छोड़ मूर्त हो उठती है और न केवल स्वयं

उपस्थित होती है वरन् उन चारों को कुरेद-कुरेदकर उन्हीं क्षणों को पुन: जीने के लिए प्रेरित करती है जो उनके प्रेम-प्रसंगों में महत्त्वपूर्ण रहे हैं। अन्त में गिलास में मिलाए हुए विष को गिराते हुए कार्तिक का यह कथन कि 'जीवित रहने से सब कुछ सम्भव हो सकता है' नाटककार की जीवन के प्रति आस्था को पुष्ट करता है।

नाट्य-शिल्प की दृष्टि से 'पगला घोड़ा' एक विशिष्ट कृति है। मृत लड़की निरन्तर मंच पर उपस्थित रहती है और जीवित व्यक्तियों को अपने अन्तर में झाँकने को इस तरह प्रेरित करती है कि वह मृत होते हुए भी सजीव हो उठती है, उसकी उपस्थिति सारी घटनाओं एवं वातावरण को प्रेम की सुगन्ध से भर देती है। वास्तविक और अवास्तविक, वर्तमान और अतीत, निस्संगता और सहज प्रेम ऐसा एक-दूसरे में घुल-मिल गए हैं कि इनमें परस्पर विरोध नहीं प्रतीत होता, ये विभिन्न पात्रों और घटनाओं के दो पहलू प्रतीत होते हैं। श्मशान और मृत्यु की बीभत्सता को प्रेम की मधुरता में रूपान्तरित करने का कार्य बादल बाबू जैसे समर्थ लेखक द्वारा ही सम्भव था। बादल बाबू ने चारों लड़कियों मालती, मिलि, लछमी और लड़की का अभिनय एक ही लड़की के द्वारा किए जाने की परिकल्पना की है। ऐसा करने के पीछे उद्देश्य नारी की उस स्थिति को और गहरा बनाना था जिसमें वह किसी-न-किसी कारण से अपने प्रिय के द्वारा ठुकराई जाती है-शशि के भाई का खयाल करके मालती को न स्वीकार करना, हिमाद्रि का अपने अनुरूप न ढाल पाने के कारण मिलि का त्याग करना और समाज के डर के कारण स"तू का लछमी को त्याग देना सब एक ही परिणाम को पहुँचाते हैं। नाटक की दृष्टि से 'पगला घोड़ा' में ऐसी अनेक स्थितियाँ हैं जो अन्तर को झकरोती हैं, जिनका चित्रण बड़ी गहराई और सूक्ष्मता से किया जा सकता है।

अब तक, 'पगला घोड़ा' को भारतवर्ष के चार सफल निर्देशकों के हाथों मंच पर रूपायित होने का सौभाग्य प्राप्त हो चुका है। बँगला में शम्भु मित्र (बहुरूपी, कलकत्ता) और हिन्दी में श्यामानन्द जालान (अनामिका, कलकत्ता), सत्यदेव दुबे (थिएटर यूनिट, बम्बई), और टी.पी. जैन (अभियान, दिल्ली) ने इसे प्रस्तुत किया। बँगला प्रस्तुति हिन्दी प्रस्तुतियों में दो मानों से भिन्न थी-एक तो यह कि उसमें चारों लड़कियों का अभिनय अलग-अलग कलाकारों ने किया था और दूसरा यह कि उसमें प्रेम के शारीरिक पक्ष को

मंच-सज्जा, भाव-भंगिमा एवं कुछेक पंक्तियाँ जोड़कर उभारा गया था। अपने-आपमें ये चारों प्रस्तुतियाँ ही सफल रहीं। अन्यान्य शहरों में भी इसका मंचन किया जा चुका है।

अनुवाद के सम्बन्ध में विशेष कुछ नहीं कहना है सिवाय इसके कि नाटक के वातावरण एवं बातचीत को जबर्दस्ती हिन्दी-क्षेत्र के अनुरूप बनाने का प्रयत्न नहीं किया गया है। कुछेक अभिव्यक्तियों को (जैसे-तारा माँ, श्मशान-काली का प्रसाद, श्मशान-गोष्ठी) हिन्दी क्षेत्र में प्रचलित न होने पर भी ग्रहण किया गया है क्योंकि उनका रूपान्तर सम्भव नहीं और उनके बदले में सर्वथा कुछ भिन्न अभिव्यक्ति रखने से अनेक उलझनें पैदा हो सकती थीं। शाम के झुटपुटे की रोशनी के लिए बँगला में 'कने देखा आलो' कहकर जिस कोमल और मधुर वातावरण की सृष्टि की जाती है, उसका भी हिन्दी में अभाव है। ऐसे स्थलों पर बँगला का असर यदि बना रह गया है तो अज्ञानवश नहीं वरन् सर्वथा उपयुक्त होने के कारण और इस कारण भी कि उनको बदलना सम्भव नहीं।

एक और बात-'पगला घोड़ा' को लेकर बँगला में एक शिशु-कविता है जिससे हर बंगाली परिचित है। बादल बाबू ने उस कविता का उपयोग इस नाटक में (और इसके नामकरण में) किया है। यद्यपि बादल बाबू 'पगला घोड़ा' को अपने-आपमें विशेष महत्त्व नहीं देना चाहते थे तथापि जाने-अजनाने वह इस नाटक में प्रेम का प्रतीक हो उठा है, लड़की बार-बार उस पगला घोड़ा से उसके पास न आने की शिकायत करती है। हिन्दी-क्षेत्र में यह 'पगला घोड़ा' एक रहस्यमय प्राणी हो गया है, दर्शक बराबर इस प्रतीक के सम्बन्ध में जिज्ञासाएँ व्यक्त करते रहे हैं।

मेरी इच्छा थी कि प्रकाशन के समय हिन्दी के सभी निर्देशकों का वक्तव्य प्राप्त हो सकता, पर वैसा नहीं हो पाया, इसका मुझे खेद है।

‘पगला घोड़ा’ के पुनर्मुद्रण के अवसर पर विशेष रूप से

बादल सरकार 1964 से 1967 के बीच तीन साल अफ्रीका में रहे। उस दौरान उन्होंने पहले की ही तरह बहन मनु को खूब पत्र लिखे, डायरी लिखी और लिखे एकाधिक नाटक। बादल बाबू के अफ्रीका प्रवास का अन्तिम नाटक था– *पगला घोड़ा।* इसकी रचना हुई 1967 में। नाटक लिखने के समय नाटककार के मन में जन्म और मृत्यु को लेकर बहुत सी बातें आ रही थीं जिनका उन्होंने ‘प्रबासेर हिजिबिजि’ में सविस्तार वर्णन किया है। नाटक के कथ्य के सम्बन्ध में उससे अधिक कुछ समझना, कहना अनावश्यक है। अतः उद्धृत है 15 और 25 जनवरी, 1967 की डायरी के पृष्ठ और कुछ पत्र।

डायरी

15.1.67

बिना कुछ घटे दिन–पर–दिन कट ज़ाने का फिर से अभ्यास होने लगा है। फिर पहले की ही तरह लगने लगा है–वे दिन कटे न, ये तो अफ्रीका के दिन हैं, जैसे भी हों, जितनी जल्दी कट जाएँ उतना ही अच्छा।

...कलकत्ता खींचता है और उससे डर भी लगता है। छुट्टी वाला कलकत्ता नहीं, रोज़मर्रे वाला कलकत्ता। कम उम्रवाला कलकत्ता नहीं, वार्धक्य वाला कलकत्ता, दायित्व वाला कलकत्ता।

...मनुष्य का जीवन, मनुष्य का सम्पर्क–प्रेम करना, प्रेम न करना, पास रहना, दूर रहना आदि नाना तरह के जटिल सम्पर्कों का संघात और पीड़ा,

और आनन्द और दुख। और साथ में जुड़ी है एक विश्लेषण करनेवाली व्यवस्था–बाहर से, ऊपर से देखना, परीक्षण करना, मूल्य निर्धारित करना, बृहत्तर जगत के परिप्रेक्ष्य में उसे फिट करना। अलग नहीं किया जा सकता, अंगांगीभाव से एक साथ जुड़ी हैं। और इसी से नाटक की रचना होती है। केवल जीवन के कुछ चित्रों से नाटक नहीं बन पाता, केवल विश्लेषण से भी नाटक नहीं बन पाता। जब दोनों एक साथ रहकर, पास–पास रहकर, एक–दूसरे को धक्का देते चलते हैं, तभी नाटक की सृष्टि होती है।

उदाहरण के लिए मान लो एक लड़की है। उसके जीवन का एक मुहूर्त। या उसकी मृत्यु के बाद का मुहूर्त। उसका बचपन, उसका बड़ा होना, उसके नाना तरह के सम्पर्क, उसके जीवन के नाना पक्ष, एक कैलेडोस्कोपी के टुकड़े अलग–अलग चित्रों में उभर रहे हैं। और विश्लेषित भी हो रहे हैं। और आदमी बाहर प्रगट हो रहा है, जीवन प्रगट हो रहा है। कारण, मृत्यु की तरह और कुछ भी जीवन को इतना स्पष्ट नहीं कर पाता।

(श्मशान बन्धु? चार लोग?)

चिट्ठी

25.01.67

मनु

आज पाँचवाँ दिन। 20 तारीख को नाटक शुरू किया था। इकसठवें पेज पर हूँ। यह अफ़्रीका का छठा नाटक है। और पहला अपना नाटक, किसी का चोरी किया माल नहीं।

रोज़ सुबह ऑफ़िस जाता हूँ, काभ करता हूँ। काम न करूँ तो भी दूसरी बातें सोचता हूँ, नाटक की याद भी नहीं आती। चार बजे खाना खाने के बाद अख़बार, पत्रिका आदि उलटता–पुलटता हूँ। कुर्सी पर थोड़ा लुढ़क लेता हूँ। छह बजे चाय पीकर अख़बार देखता हूँ। पूरा पढ़ता नहीं, बस उलट–पलटकर भीतर घुसने की चेष्टा करता हूँ। बगीचे में टहलता हूँ। सोचता हूँ। इस बार क्या लिखूँगा, यह सोचता हूँ।

नहीं जानता मैं क्या लिख रहा हूँ। लेकिन थोड़ा–सा लिखने के बाद

ही जैसे एक नशे की-सी स्थिति में हूँ। मालती, मिलि, लछमी सब जैसे जीवन्त होती चलती हैं। जैसे सामने देखता हूँ उन्हें। इनमें से किसी को भी क्या पहले कभी देखा है? अलग-अलग करके नहीं देखा लेकिन जिनको देखा है उन सबमें इनका थोड़ा-थोड़ा अंश मिला हुआ था। मालती, मिलि, लछमी और यह नामहीन लड़की जो अकेली ही मालती-मिलि-लछमी और वह स्वयं, सब है।

हिमाद्रि, शशि, सातकड़ि, कार्तिक-इन्हें क्या देखा है? ये क्या मनुष्य के रूप में, एक-एक अलग-अलग व्यक्ति के रूप में, उभरकर आए हैं? शायद नहीं। कोई जरूरत भी नहीं। यह नाटक चरित्र-सृष्टि के उद्देश्य से लिख भी नहीं रहा तो किस उद्देश्य से लिख रहा? कोई उद्देश्य नहीं। कोई तथ्य नहीं। कोई तत्त्व प्रमाणित नहीं हो रहा। यदि कुछ प्रमाणित हो ही तो पंडित लोग उसे लेकर नाराज़ हो सकते हैं। फिर भी लिख रहा हूँ। और लिखने में डूब पा रहा हूँ। लगता है मैं जो लिख रहा हूँ वह मेरा जाना हुआ है। मैं जानता हूँ।

बहुत भूलें हैं। बीच में कहानी बदल गई है। उसका कारण पहले की बहुत-सी बातें बेकार हो गई हैं। भूल हो गई है। वह सब बाद में देखा जाएगा। पहले पूरा तो करूँ। शशि, हिमाद्रि, सातवकड़ि, मालती, मिलि पार हो गए हैं। लछमी अभी-अभी पूरी हुई है। बाक़ी बचे केवल कार्तिक और वह नामहीन लड़की।

डायरी
25.1.67
(रात ग्यारह बजे)

'पगला घोड़ा' अभी-अभी पूरा हुआ।

...बस बहुत हुआ। अब राजी-खुशी कलकत्ता लौटा जाए, इतना ही।

नाटक पूरा हुआ। 1967 के मई महीने में बादल सरकार स्वदेश लौट आए। कुछ दिन नाटक पड़ा रहा। उसके बाद वह कलकत्ता की नाट्य संस्था बहुरूपी के हाथ में पड़ा और उन्होंने 1970 में उसे मंचस्थ करने का कार्यक्रम

बनाया। निर्देशन शम्भु मित्र का। उसी समय उसका हिन्दी में अनुवाद करने की चर्चा भी उठी। एक दिन बादल दा ने मेरे घर पर नाटक का पाठ किया। श्रोताओं में थे श्यामानन्द जालान, मेरे पति मदन मोहन अग्रवाल, कन्या यामा और मैं। सुनकर हम सब मुग्ध। बाद दा ने इस नाटक को एक मीठी प्रेम-कहानी कहा। तुरन्त तय हुआ कि अनामिका 'पगला घोड़ा' का मंचन करेगी, मैं अनुवाद करूँगी और श्यामानन्द निर्देशन देंगे। 1971 के प्रारम्भिक भाग में ही करने का निर्णय भी लिया गया। बाद में पता चला कि बहुरूपी का भी उसी समय करने का कार्यक्रम है। संयोग कि 1971, 14 फरवरी को अनामिका ने कला मन्दिर के तल प्रेक्षागृह कलाकुंज में 'पगला घोड़ा' मंचित किया और उसके दो सप्ताह बाद 28 फरवरी को फाइन आर्ट्स अकादमी के मंच पर बहुमुखी ने नाटक का मूल बांग्ला में मंचायन किया। हिन्दी प्रस्तुति में श्यामानन्द ने नाटककार की योजना के अनुसार एक ही लड़की से चारों भूमिकाओं का अभिनय करवाया था और 'पगला घोड़ा' की मीठी प्रेम-कहानी को स्थूलता से यथासम्भव दूर रखा था। नाटक के विश्लेषण की दृष्टि से 'पगला घोड़ा' के हिन्दी अनुवाद (प्रतिभा अग्रवाल) के साथ छपा उनका निर्देशकीय वक्तव्य नाटक की विषयवस्तु और शिल्प दोनों पर विस्तृत प्रकाश डालता है, अतः यहाँ पर उसे उद्धृत किया जा रहा है।

निर्देशकीय वक्तव्य

बादल बाबू से पहली बार नाटक सुना था तो लगा था उनके सारे दर्शन, ज्ञान और अनुभूतियों के पीछे एक गहरी रूमानियत है और वह रूमानियत सबसे ज्यादा उभरी है इस नाटक में। नाटक सुनाकर शायद बादल दा ने स्वयं ही कहा था कि यह नाटक एक मीठी प्रेम-कहानी है-प्रेमेर मिष्टि गल्प।

शुरू-शुरू में बड़ी दिक्कत हुई थी नाटक की परिकल्पना में। एक गाँव का श्मशान, आधी रात, बगल में चिता पर धू-धू जलता एक शव, कुत्ते के रोने की आवाज-ये सब एक ओर इशारा करते थे। पर साथ ही चिता पर लेटी जवान लड़की जो अतृप्त मन लिये आत्महत्या कर लेती है,

शराब, प्रेम-कहानियाँ, चिता पर से उस लड़की का उठकर आना, अर्थी ढोकर लानेवाले चारों आदमियों को छेड़ना, उनके बीच इठलाना-ये सब दूसरी तरफ ध्यान ले जाते थे।

पर अन्त में मुझे भी लगा कि बादल दा का कहना ही ठीक है। नाटक वास्तव में प्रेम-कहानी है-एक नहीं चार। और मैंने अपने प्रस्तुतीकरण में नाटक के उसी पक्ष पर ज़ोर दिया। श्मशान के बीभत्स संकेतों को बिलकुल दबाकर मैंने रूमानियत को ही उभारा, प्यार की रूमानियत, विरह की असह्य यंत्रणा की रूमानियत।

दृश्य-बन्ध, आलोक, अभिनय सभी में नाटक की मूलभूत रूमानियत को व्यक्त करने का हमारा प्रयास था।

यों बादल बाबू के कई नाटकों में उनका एक विश्वास बार-बार उभरकर आता है : जीवन पर विश्वास। वे स्वयं कर्मठ व्यक्ति हैं और इसी में विश्वास करते हैं कि हमें एक जीवन मिला है। हमारे पीछे भी एक धुन्ध है, सामने भी। हमें बस चलना है, जीते जाना है। दुख भी है, सुख भी है। निराशा के गहन अन्धकार में भी आशा है। मृत्यु को खोजना निरर्थक है। वह जीवन के अस्तित्व को ही नकारना है।

इस नाटक के बारे में और क्या लिखूँ। और क्या है इसमें जो इसको पढ़कर ही स्पष्ट नहीं हो जाता।

एक बहुत बड़ा आकर्षण इस नाटक में और है-मेरे लिए, आपके लिए, अभिनेताओं के लिए। कहीं यह हम सबको बड़ा अपना लगता है। नाटक के पाँचों पात्रों में हम अपने-आपको किसी-न-किसी रूप में पाते हैं। नाटक की लड़की का प्यार खोजना, उसके लिए तड़पना, भटकना, आज के इस युग के वैयक्तिक अकेलेपन का तीव्र एहसास है-जो हम बार-बार महसूस करते हैं। कोई अपना नहीं। अपने भी अपने नहीं। हम सब कटे-कटे, अकेले। आकाश की सीमाहीनता में भटकती उल्काएँ। और जो कहीं कुछ अपना मिलने की आशा होती है वहाँ हम उसे आगे बढ़कर ले नहीं पाते। हमारी कायरता, हमारी अकर्मण्यता और नपुंसकता हमारे सामने दीवार खड़ी कर देती है। और हम फिर दूसरी ओर बढ़ जाते

हैं। भटकने, खोजने–उसे जिसे हम खो चुके हैं, तपड़ने–उसके लिए जो हमें प्राप्त था, पर जिसे हमने स्वयं खो दिया।

अपने प्रस्तुतीकरण में मैंने इसी पक्ष पर ज़ोर दिया था। अपनी कायरता के कारण, अपनी कमजोरी के कारण अपने पर और किसी और पर जो अत्याचार अनजाने हुआ उसके लिए पश्चात्ताप मैंने उभारना चाहा। जहाँ भी मौका मिला, उसी पर ज़ोर दिया। हिमाद्रि, सातू, कार्तिक, शशि सभी उसी में जलते हैं और एक जवान लड़की की चिता, उससे उठती भभक, शराब की उन्मुक्तता, अनेक अन्तर की वेदना को उभारकर सामने ले आती है–दैनन्दिन जीवन के संयम को तोड़कर। और बार-बार मैंने चारों पुरुष चरित्रों के पश्चात्ताप और उनकी वेदना को अतिरंजित करके दर्शकों को उन चरित्रों के मानसिक और भावात्मक द्वन्द्व का परिचय देना चाहा। यह प्रयास भी था कि चरित्रों का तड़पना कुछ इस तरह हो, इस हद तक हो कि कहीं वह दर्शकों को कुरेदे, कोंचे और दर्शक अपने-अपने जीवन की समानान्तर घटनाओं के बारे में सोचने को बाध्य हों।

प्रस्तुतीकरण में हमने पुरुष-चरित्रों और उस चिता पर जलती लड़की की आत्मा को अलग-अलग स्तरों पर नहीं रखा था। वह एक साधारण व्यक्ति की तरह मंच पर आती थी। पुरुष-चरित्रों के पास मँडराती थी, उन्हें छेड़ती थी। हमने विभिन्न नारी-चरित्रों का अभिनय भी केवल एक ही अभिनेत्री से कराया था, जो बार-बार विभिन्न चरित्रों में, विभिन्न नामों में, मंच पर आती है। ऐसा करने का मुख्य कारण था–सभी स्त्री-चरित्रों की स्थिति की मूलभूत समानता। वैसे 'पगला घोड़ा' में हिमाद्रि के अतिरिक्त शेष सभी चरित्रों में दो-दो कलाकारों ने अभिनय किया था–नागर जी-उमर गुप्ता, मोतीशंकर पंचोली-श्यामानन्द, रवि दवे-विमल लाठ और यामा-वीणा मिश्रा/किचलू ने।

हमारा प्रयास यही था कि हम नाटक के मूल कथ्य को जितना सीधा हो सके दर्शकों के सामने रखें–ऐसे रूप में, इस तरह से कि दर्शक उसे ग्रहण कर सके, उसे अनुभव कर सके।

(श्यामानन्द जालान, 'पगला घोड़ा' के प्रथम संस्करण से)

दोनों प्रस्तुतियों में मंच परिकल्पना खालिद चौधरी और प्रकाश संयोजन तापस सेन का था। नाटक का बड़ा अंश फ्लैश बैक है अत: मंच पर काफी खुली जगह छोड़नी पड़ी ताकि चारों कहानियों के क्रियाकलाप सहज ही एक जगह से दूसरी जगह विचरण कर सकें। हिन्दी प्रस्तुति में खालिद दा ने बाईं ओर एक झोंपड़ी दी थी जिसकी सामने की दीवार नहीं थी। पीछे की दीवार में एक छोटी खिड़की थी जिससे लड़की बार-बार झाँकती और बातें करती थी। दाहिनी ओर एक पेड़ का कटआउट जिसके सामने की ओर बैठने की जगह, पीछे चिता के लिए रखा गया लकड़ी का बंडल। झोंपड़ी के भीतर एक चौकी, ज़मीन पर बिछी फटी चटाई और पानी की एक सुराही। बस। एक कल्पनाशील दृश्यबन्ध-श्मशान भूमि होते हुए भी न उदासीन न घिनौना परिवेश। था तो एक ऐसा परिवेश जिसमें जीवन के मधुर क्षणों की स्मृतियाँ सहज ही उभर-उभर आती थीं। बहुरूपी के सेट में पीछे की ओर एक ऊँची दीवार जिसमें ऊपर की ओर खिड़की जहाँ से लड़की बीच-बीच में बात करती थी। नीचे मंच पर चारों ओर बिखरे कुछ नर-नारी युग्म के कटआउट जिन पर बीच-बीच में हाथ फेरकर लड़की प्रश्न करती थी-'क्या यही 'पगला घोड़ा' है?' हिन्दी में 'पगला घोड़ा' बहुत लोकप्रिय हुआ-20-25 प्रस्तुतियों की सूचना है। निर्देशकों में श्यामानन्द के अतिरिक्त कमल वशिष्ठ, दिनेश ठाकुर, प्रशान्त खिरवडकर, रजिन्दर नाथ, सतीश आनन्द, सत्यदेव दुबे आदि अनेक व्यक्ति शामिल थे। चार पुरुष, एक महिला, केवल पाँच अभिनेता, प्रस्तुति सहज होती है। जहाँ तक मेरी जानकारी है-ये सभी प्रस्तुतियाँ चौखटा मंच पर की गई थीं। 'पगला घोड़ा' लिखने के समय तक बादल दा अंगनमंच के सम्बन्ध में काफी दूर तक सोच-विचार कर चुके थे तथापि नाटक के कथ्य में एक ऐसी अन्तरंगता है जिसे कोई भी व्यक्ति-विशेषकर एक लड़की-किसी बाहरी व्यक्ति से बाँटना नहीं चाहेगी। यद्यपि निर्देशक श्यामानन्द के मतानुसार 'पगला घोड़ा' के साथ दर्शक गहरी एकात्मता का बोध करता है-शायद नाटक के पात्रों के साथ नहीं वरन् अपने जीवन के मिलते-जुलते ऐसे प्रसंगों की याद करके, उनके साथ करता है।

अन्त में 'पगला घोड़ा' के सम्बन्ध में बादल दा के मन की एक बात का उल्लेख करके समापन किया जाए। उन्होंने 21 फरवरी 1967 को मनु को लिखी चिट्ठी में लिखा–" 'पगला घोड़ा' मेरे प्रिय नाटकों में से एक होगा। इसके लेखन में मैं पूरी तरह डूबा हुआ था। सम्भवत: केवल एक ही और नाटक में इस तरह डूबा था–सारारात्तिर।"

–प्रतिभा अग्रवाल

दर्शकों की दृष्टि में

वेस्ट दिल्ली, रविवार, 19 जून, 1988
पगला घोड़ा

बादल सरकार में मध्यवित्त वर्ग की आशाओं–आकांक्षाओं आदि को पकड़ने की अद्‌भुत क्षमता है। वे अपने नाटकों में जीवन की छोटी–मोटी घटनाओं को आधार बनाकर स्त्री–पुरुष सम्बन्धों की बड़ी नाज़ुक और मीठी कहानी बुनते हैं। संरचना की दृष्टि से उनके नाटकों की बुनावट चुस्त होती है, ऊपर से सामान्य दिखते हुए भी उनके अन्तर में काव्यात्मक गहराई प्राप्त होती है जो जीवित रहने में उनकी आस्था को प्रकट करती है।

छठे दशक में लिखित 'पगला घोड़ा' नाटक उनके श्रेष्ठ नाटकों में से एक है जो पिछले रविवार को नेशनल स्कूल ऑफ ड्रामा के रंगमंडल द्वारा उनके स्टूडियो थिएटर में खेला गया। निर्देशन था–सुप्रद्धि निर्देशक सत्यदेव दुबे का और अनुवाद प्रतिभा अग्रवाल का।

दुबे जी ने चारों लड़कियों का अभिनय चार लड़कियों से करवाया जिसके फलस्वरूप प्रस्तुति के आयाम का विस्तार हुआ। तेज़ संगीत के उपयोग ने प्रस्तुति में अनेक स्थलों पर व्यवधान उपस्थित किया विशेषकर अन्त में जब कार्तिक का अन्तिम प्रश्न कि ज़िन्दा रहने पर सब कुछ सम्भव है? लोगों तक पहुँचा ही नहीं। अभिनेताओं में कार्तिक की भूमिका में श्रीवल्लभ व्यास सर्वश्रेष्ठ रहे।

–दीवान सिंह बजेली

महका भारत, जयपुर, जनवरी 2009

'पगला घोड़ा' ने की नारी भावनाओं की कद्र, नारी के अन्तर की भावनाओं की किस तरह कद्र करनी चाहिए और उस पर होनेवाले अत्याचार किस प्रकार कम हों, इन तत्त्वों को अमोल पालेकर ने अपनी प्रस्तुति में उभारा था।

नाटक का मंचन बांग्ला भाषा में हुआ किन्तु साथ में स्क्रीन पर अंग्रेज़ी में संवादों को दिखलाए गए।

इंडियन एक्सप्रेस, 26 जून, 1984
प्रेम का दुखद अन्त

एक श्मशान। उत्तर बंगाल का कोई छोटा शहर। चार लोग जो एक युवती की लाश को जलाने के लिए आए हैं। चारों समय काटने के लिए ताश खेल रहे हैं और मलिक बाबू द्वारा दी गई विलायती की चुस्की भी लेते चल रहे हैं। चर्चा चल पड़ती है कि लड़की ने आत्महत्या क्यों की? ज़रूर प्रेम-वेम का कोई क़िस्सा रहा होगा। लड़की के प्रेम की बात करते-करते शशि, सातू, हिमाद्रि और कार्तिक चारों अपने-अपने प्रेम की दुनिया में खो जाते हैं।

अंक, बम्बई द्वारा मंचित इस प्रस्तुति के निर्देशक थे दिनेश ठाकुर जिन्होंने स्वयं कार्तिक की भूमिका में अभिनय किया। चारों लड़कियों की भूमिका में थीं मीनाक्षी ठाकुर। इनके साथ स.सी. माखिजा (सातू), अनाथ महादेवन (हिमाद्रि) और नरेश सूरी (शशि)। सशक्त अभिनेताओं की इस टीम ने बादल सरकार की एक प्रेम कहानी के मर्म को बड़ी सूझ-बूझ के साथ मूर्तमान किया। (सारांश)

(डोली ठाकोर)

'पगला घोड़ा' का प्रथम मंचन अभियान, दिल्ली द्वारा सितम्बर 1969 में किया गया। निर्देशक थे श्री टी.पी. जैन और विभिन्न भूमिकाओं में थे सर्वश्री टी.पी. जैन (कार्तिक), शाम अरोरा (शशि), अशोक सरीन (सातू), सुशील चोपड़ा (हिमाद्रि) और सुधा शिवपुरी (लड़की)। इसके बाद थिएटर यूनिट, बम्बई और अनामिका, कलकत्ता द्वारा इसके महत्त्वपूर्ण प्रदर्शन हुए। 'पगला घोड़ा' का बँगला में प्रथम मंचन 1971 में बहुरूपी के तत्त्वावधान में श्री शम्भु मित्र के निर्देशन में हुआ। नाटकों के राष्ट्रीय कार्यक्रम के अन्तर्गत इसे समस्त भारतीय भाषाओं में रेडियो से प्रसारित किया जा चुका है।

अनामिका, कलकत्ता द्वारा इसका प्रथम मंचन 1971 में हुआ जिसमें सर्वश्री श्यामानन्द जालान (सातू), आदित्यविक्रम (कार्तिक), विमल लाठ (शशि), शिवकुमार झुनझुनवाला (हिमाद्रि) और यामा अग्रवाल (लड़की) ने अभिनय किया। बाद में अमर गुप्ता (कार्तिक), रवि दवे (शशि), मोतीशंकर पंचोली (सातू) और वीणा दीक्षित (लड़की) ने भी अभिनय किया। मंच-सज्जा श्री खालिद चौधरी, आलोक श्री तापस सेन और निर्देशन श्री श्यामानन्द जालान का था।

दृश्य-बन्ध

पूरे नाटक में केवल एक दृश्य-बन्ध है–श्मशान के पास एक कोठरी जिसमें मुर्दा जलानेवाले रुकते हैं। इसकी परिकल्पना इच्छानुसार की जा सकती है। एक चौकी, एक चटाई, मिट्टी का एक घड़ा, एक छोटी चौकी, लकड़ियों का गट्ठर, एक पेड़ आदि वातावरण बनाने के लिए अपेक्षित।

इस्तेमाल में आनेवाली वस्तुएँ

एक झोला, व्हिस्की की दो बोतलें, चार गिलास, एक जोड़ी ताश, एक पुड़िया जिसमें पाउडर हो।

पात्र

एक महिला (20–25 वर्ष) एवं चार पुरुष।

पगला घोड़ा

पात्र-परिचय

सातू
कार्तिक
हिमाद्रि
शशि

लड़की
मालती
मिलि
लछमी

प्रथम अंक

[कस्बे के बाहर एक श्मशान। शव-यात्रा में आए लोगों के बैठने के लिए एक कोठरी जो मंच का आधा हिस्सा घेरे है। कोठरी में एक बड़ी चौकी। दो नीचे स्टूल। एक कोने में कसोरे से ढँका पानी का घड़ा। पीछे बाईं ओर दरवाजा, उसके बगल में खिड़की, उसके बाद दीवार घूमकर सामने की ओर आ गई है मकान की सीमा निर्धारित करती हुई। दाहिनी ओर की जगह मानो कमरे के बाहर है। रात। कमरे में पेट्रोमैक्स जल रहा है। खुली खिड़की। दरवाजे के पीछे दूर कहीं आग जलने का आभास मिल रहा है, लाल रोशनी रह-रहकर नाच उठती है। घर के बाहर का हिस्सा। पीछे की ओर एकदम अँधेरा है। पर्दा खुलने पर कोठरी में चार आदमी बैठे ट्वेंटी नाइन खेल रहे हैं, दो चौकी पर बैठे हैं, दो स्टूल पर। एक हाथ खेल होने के बाद बातचीत शुरू होती है।]

सातू : डिक्लेयर।

कार्तिक : चिड़ी। अरे वाह, डबल की बाजी है, याद है न?

सातू : अठारह बोले हो।

हिमाद्रि : ई...श...शशि दा!

कार्तिक : ये रहा।

सातू : बस, रंग खलास! किस बूते पर चिड़ी रंग लगाया था, ऐं?

[बाजी खत्म होती है। कार्तिक गिनता है।]

कार्तिक : एक...एक...दो...तीन...छः...छः दो आठ...दस...बारह... तेरह।

सातू : दो काला...खोलिए शशि बाबू।

कार्तिक : पाँच काला हो गया सातू बाबू। बस एक और खुल जाए तो इन लोगों की काली झंडी तैयार।

शशि : एक बार जरा देख आया जाता...

हिमाद्रि : मैं जाता हूँ।

शशि : नहीं, तुम्हीं बार-बार क्यों जाओ? इस बार मैं जाऊँगा।

हिमाद्रि : तो क्या हुआ? आप बैठिए...

[हिमाद्रि का प्रस्थान।]

शशि : अरे, अभी उम्र कम है, हम लोगों से कितना छोटा है। दो बार चला ही गया तो क्या हुआ? हम लोग भी...जब उसकी उम्र के थे न, तो इसी तरह...

सातू : कार्तिक बाबू तो ऐसी बातें कर रहे हैं जैसे इनकी न जाने कितनी उम्र हो गई हो! अब तक कितने बसन्त पार किए हैं आपने, सुनूँ तो जरा!

कार्तिक : बहुत सारे।

सातू : फिर भी कितने? पचास?

कार्तिक : पचास?

सातू : अच्छा बाबा, पचास नहीं तो पचपन, और क्या?

कार्तिक : पचपन?

सातू : माने, और ज्यादा?

कार्तिक : जी हाँ।

[हँसकर]

नहीं, अभी पिछले फागुन में उनचास पूरा किया है।

सातू : *(जोर से हँसकर)* वाह कार्तिक बाबू, वाह! बसन्त पार किए उनचास और गुमान इतना? मैं दो साल पहले उनचास पार कर चुका हूँ।

शशि : मतलब, आप फिफ्टीवन हैं?

सातू : येस सर, फिफ्टीवन। हाफ सेंचुरी प्लस वन।

शशि : इमपॉसिबल!

कार्तिक : आप मुझसे बड़े हैं?

सातू : लगता तो ऐसा ही है।

शशि : *(कार्तिक से)* सातू बाबू को देखकर कोई कह सकता है कि ये इक्यावन साल के हैं?

कार्तिक : मुझे तो विश्वास ही नहीं हो रहा है!

सातू : कसम से, मैं सच कह रहा हूँ।

शशि : मैं तो मानता था कि कार्तिक बाबू आपसे ज्यादा नहीं तो दस साल तो बड़े होंगे ही।

सातू : *(जोर से हँसकर)* अरे नहीं शशि बाबू! रात-दिन कुलियों से माथा मारते ही बीत जाता है। सर्दी-गर्मी, रात-दिन कब आते हैं कब चले जाते हैं, पता ही नहीं लगता। बुड्ढे होने का समय कहाँ मिला?

कार्तिक : वाह! वाह! सातू बाबू! क्या बात कही है! लोगों को जैसे मरने की फुरसत नहीं मिलती वैसे ही सातू बाबू को बुड्ढे होने की फुसरत नहीं मिली।

शशि : सच सातू बाबू, आपको देखकर मन करता है कि पोस्टमास्टरी छोड़कर ठीकेदारी शुरू कर दूँ।

सातू : शशि बाबू, ऐसी सुख की जिन्दगी छोड़कर आपको इस झखमारी का शौक चर्राया?

शशि : अरे, झखमारी तो हर कहीं है। अब देखिए न, हम लोग यहीं पड़े सड़ रहे हैं और कुछ नहीं तो आप इस बीच न जाने कहाँ-कहाँ घूम चुके हैं, न जाने कितना कुछ देख चुके हैं। भाई, आप लोगों की लाइफ इंटरेस्टिंग है।

कार्तिक : मुझे इंटरेस्टिंग लाइफ का शौक नहीं है। मैं जैसे हूँ, वैसे ही सुखी हूँ।

शशि : जी हाँ, सुखी हैं। दवा का ठीक माप करते-करते आँखों के बारह बज गए हैं और कमरे के एक कोने में दिन-भर स्टूल पर बैठे-बैठे सारे जोड़ों को गठिया ने जकड़ लिया है...

कार्तिक : अरे भाई, कमरे के एक कोने में बैठे-बैठे ही कार्तिक कम्पाउंडर ने बहुत दुनिया देखी है। वह भी कम इंटरेस्टिंग नहीं। सभी को घूम-फिरकर दवाखाने में हाजिरी देने आना ही पड़ता है। ठीक वैसे ही जैसे सबको एक न एक दिन यहाँ आना पड़ता है।

शशि : हाँ, आप ही लोग तो यहाँ के सिंहद्वार हैं...

[सातू का अट्टहास!]

कार्तिक : हाँ, और ऐसा सिंहद्वार जहाँ सब आते हैं और हँसी-खुशी दक्षिणा भी दे जाते हैं।

सातू : बिलकुल सही बात कह रहे हैं, कार्तिक बाबू-बावन तोले पाव रत्ती सही। पर मैं पिछली बार कब आपके सिंहद्वार पर गया था, याद ही नहीं पड़ता। ऐसा मजबूत शरीर पाया है कि बीमारी भीतर घुस ही नहीं पाती...

कार्तिक : अहा-हा...क्या कहे जा रहे हैं? ऐसे नहीं कहते, कौन जाने...

सातू : *(अट्टहास)* ऐसे कहते नहीं, ऐसे करते नहीं, ऐसे देखते नहीं, ऐसे सुनते नहीं, ऐसे खाते नहीं, ऐसे पीते नहीं, यह सुनते-सुनते कान पक गए कार्तिक बाबू। जब से होश सँभाला, तब से यही सुनता आ रहा हूँ। पर दुनिया में ऐसा कोई भी काम नहीं है जो मैंने न किया हो, ऐसा कुछ भी नहीं है जो मैंने न देखा-जाना हो। फिर भी मजे में तो हूँ। कुछ तो नहीं हुआ।

कार्तिक : लीजिए, पीने की बात से याद आई। सातू बाबू, वो निकालेंगे नहीं?

सातू : अरे हाँ!

[उठता है]

मैं तो भूल ही गया था।

शशि : हिमाद्रि के सामने...

कार्तिक : अहा, हिमाद्रि तो जैसे मिट्टी का माधो है।

शशि : नहीं-पर अभी बच्चा है।

कार्तिक : बच्चा? तीस के आसपास पहुँचा होगा और आप उसे बच्चा-

बच्चा कह रहे हैं!

शशि : स्कूल टीचर लोग जिन्दगी-भर बच्चा ही रह जाते हैं। फिर हिमाद्रि को तो आदर्श-वादर्श का रोग भी लगा रहता है न!

सातू : *(हँस पड़ता है)* आदर्श...आदर्श...

शशि : हँसिए मत सातू बाबू! आदर्श बड़े काम की चीज होती है। मैं भी अपने पास एकाध रख पाता तो...

कार्तिक : तो रखा क्यों नहीं? किसी ने मना किया था?

शशि : रखना इतना आसान होता है क्या? धन-दौलत की तरह इसे भी जमा करके रखना बड़ा मुश्किल होता है।

सातू : क्यों, हिमाद्रि बाबू ने कैसे रखा है?

शशि : हिमाद्रि ने सचमुच रखा है या नहीं, भगवान ही जाने! जबानी जमा-खर्च तो बहुतेरे किया करते हैं।

कार्तिक : हटाइए भी! सातू बाबू, निकालिए न...बहुत चखचख कर चुके हम लोग।

[सातू उठकर कमरे के कोने में रखे बैग में से व्हिस्की की बोतल और चार गिलास निकालकर लाता है।]

वाह वा-विलायती है। कितने दिनों से देखने तक को नसीब नहीं हुई है।

शशि : चार गिलासों का क्या कीजिएगा? क्या सोच रखा है कि हिमाद्रि भी पीएगा?

सातू : अँह, इतना हिसाब कौन लगाता है! चार आदमी थे सो चार गिलास ले आया।

कार्तिक : अच्छा किया। कहा नहीं जा सकता। हिमाद्रि को यदि यह विश्वास दिला दें कि हम लोग किसी से इसकी चर्चा न करेंगे तो हो सकता है उसका आदर्श डगमगा भी जाए।

शशि : हाँ न! एक भले आदमी को बिगाड़े बिना आप लोगों को चैन नहीं मिल रहा है?

कार्तिक : बिगाड़ने की किसे गरज पड़ी है बाबा! उससे तो अपना ही घाटा होगा। इसमें से हिस्सा बँट जाएगा।

सातू : हिस्सा बँटने की चिन्ता मत कीजिए कार्तिक बाबू।

[बैग से एक और बोतल निकालकर दिखलाता है।]

कार्तिक : यह क्या? आप एक बोतल और लाए हैं? अपनी गाँठ से पैसा खर्च करके...

शशि : हाँ।

सातू : *(अट्टहास)* पैसा क्या गाँठ में रखने के लिए है शशि बाबू? आपने ही अभी कहा न कि पैसा रखा ही नहीं जा सकता।

शशि : नहीं...पर मालिक बाबू ने जब दिया ही था तब...

सातू : सच पूछिए तो मेरी समझ में नहीं आ रहा है कि मालिक बाबू ने आखिर बोतल दी क्यों?

कार्तिक : देते न तो क्या करते?...ऐसे ही क्या कोई इस डरावनी रात में यहाँ आता? वाह...मजाक है क्या?

सातू : न आता तो न सही, उससे मालिक का क्या बनता-बिगड़ता था?

[शशि और कार्तिक की हँसी।]

कार्तिक : आप अभी यहाँ नए-नए आए हैं, दिन भर इधर-उधर घूमते रहते हैं। आप कैसे कुछ जानेंगे!

सातू : मतलब? कोई बात है क्या?

कार्तिक : हाँ, सो क्यों नहीं है! कुछ है सातू बाबू, कुछ है। मालिक बाबू का अपना स्वार्थ था इसलिए उन्होंने...

सातू : स्वार्थ!

शशि : आप उस लड़की को जानते थे?

सातू : ना। मैंने तो पहली बार देखा।

शशि : लड़की कौन थी, उसका क्या किस्सा है, यह सब भी न जानते होंगे?

सातू : ना। मैं कहाँ से जानूँगा!

कार्तिक : आपको जब किसी से कुछ मतलब ही नहीं था तो फिर इतनी रात को निकले क्यों?

सातू : वाह, निकलता न कैसे! खबर मिली तो...फिर आप सब आ

रहे थे...

कार्तिक : अरे साहब, मुझे तो विलायती का नशा खींच लाया। और आप–आप खुद गाँठ का पैसा खर्च करके एक और बोतल लेकर...

शशि : सच, आप सारे दिन धूप में इधर–उधर घूमते हैं, मेहनत करते हैं। आपको इस समय बुलाकर मैंने भूल की।

सातू : शशि बाबू, आप भी...

कार्तिक : बुलाते न तो क्या करते शशि बाबू?

शशि : हाँ, सो भी ठीक ही है। इतनी रात को यहाँ आने को राजी ही कौन होता! फिर इस लड़की के लिए...

सातू : इस लड़की के लिए...माने...यह लड़की कौन है...

[अचानक अन्धकार भेदकर लड़की की हँसी सुनाई पड़ती है। कमरे के बाहर का अँधेरा हिस्सा आलोकित हो उठता है। लड़की के बाल खुले हैं, आँचल कमर में बँधा है। वह हँसे ही जा रही है। कमरे की रोशनी बुझ गई है, तीनों छाया जैसे दिख रहे हैं। वे तीनों स्थिर हैं–उनमें से किसी ने लड़की की हँसी नहीं सुनी है।]

लड़की : *(हँसते–हँसते)* मैं कौन हूँ? मैं क्या हूँ? मेरा किस्सा क्या है? तुम लोग नहीं जानते? तुम लोग कोई नहीं जानते? मैं कौन हूँ? मैं क्या हूँ? मेरा किस्सा क्या है?

[रोशनी कम होकर एकदम अँधेरा हो जाता है। लड़की का चेहरा, उसकी हँसी अन्धकार में विलीन हो जाती है। कमरे में प्रकाश होता है। ऐसा लगता है जैसे बातचीत में कोई व्यवधान ही न पड़ा हो।]

सातू : मेरी समझ में तो कुछ भी नहीं आ रहा है। यह लड़की...

कार्तिक : लड़की का बहुत बड़ा किस्सा है सातू बाबू–बहुत बड़ा!

शशि : मुझे तो लड़की का कोई भी दोष नहीं लगता!

कार्तिक : लड़की का एकमात्र दोष यह था कि वह लड़की थी।

शशि : हाँ...आप ठीक कहते हैं...

सातू : आप लोग तो इस किस्से को और भी पेचीदा बनाए जा रहे हैं। लगता है, जैसे इसके पीछे कोई रहस्य है...

[कमरे में फिर अँधेरा। बाहर लड़की पर रोशनी।]

लड़की : किसकी जिन्दगी में रहस्य नहीं है? और किस्सा? किसकी जिन्दगी में किस्सा नहीं है? तुम? तुम लोग? तुम लोगों का कोई हिस्सा नहीं है? कोई रहस्य नहीं है? सब कह डालो न। कहकर जी हल्का कर डालो। देखोगे कि तुम सबका किस्सा एक जैसा ही है–सबका एक जैसा किस्सा मिलकर एकरूप हो जाएगा।

[खिलखिलाकर हँस पड़ती है। रोशनी कम होने लगती है।]

तुम लोगों का...हम लोगों का...सब किस्सा...मिलकर एकरूप हो...

[स्वर विलीन हो जाता है। कमरे में प्रकाश।]

शशि : किस्सा...हाँ, सो क्यों नहीं है?

कार्तिक : कोई बात हुए बिना मलिक बाबू यों ही विलायती बोतल देते? वैसे, शशि बाबू बोतल के लिए नहीं आए, यह सही है। हिमाद्रि की तो बात ही छोड़िए!

शशि : देखिए कार्तिक बाबू, मेरा भी कुछ स्वार्थ था तभी आया, यूँ ही नहीं। मेरे पास न तो हिमाद्रि की तरह आदर्श है और न सातू बाबू की तरह...

सातू : वाह, मैं तो आप लोगों की कम्पनी की खातिर आया हूँ। यह स्वार्थ नहीं है?

शशि : स्वार्थ तो है पर ऊँचे दर्जे का। मेरा स्वार्थ बहुत सीधा-सादा, साधारण-सा है। मलिक बाबू को राजी रखने से ट्रांसफर के झमेले से छुट्टी मिल सकती है। पोस्टऑफिस के बड़े अफसरों से उनकी खूब रब्त-जब्त है।

सातू : आप लोग तो इस तरह कह रहे हैं जैसे अपने-अपने स्वार्थ

के लिए ही आए हों! स्वार्थ न होता तो ऐसे ही न आते!

कार्तिक : ऐसे ही? हँह...यह बाह्मन का बेटा तो हरगिज न आता।

सातू : आपके कहने का मतलब कि यदि कोई लड़की इस तरह मर जाती...ऐसी लड़की जिसका बाप के सिवाय और कोई न हो, और वह भी लकवा का शिकार होकर खाट पकड़े हो तो...

शशि : सातू बाबू...क्या हिमाद्रि की तरह आप पर भी आदर्श का भूत हो रहा है?...

[सातू हँस पड़ता है। हिमाद्रि का प्रवेश।]

सब ठीक है...?

हिमाद्रि : हाँ, अब कुछ देर आराम से निश्चिन्त हुआ जा सकता है।

शशि : *बैठो-बैठो।*

[बैठने के लिए बढ़ने पर बोतल-गिलास देखकर हिमाद्रि ठिठक जाता है। फिर बैठता है। कार्तिक शशि की ओर देखकर जरा-सा मुस्कुरा देता है।]

कार्तिक : क्या सातू बाबू, उसे खोलिएगा नहीं?

सातू : हाँ...हाँ, क्यों नहीं?

[बोतल खोलकर गिलास में ढालता है।]

हिमाद्रि बाबू, बुरा मत मानिएगा। सुना, आपको यह सब नहीं चलता।

हिमाद्रि : नहीं-नहीं, बुरा मानने की क्या बात है? मेरी...मेरी चिन्ता बिलकुल मत कीजिए...आप लोग...

शशि : मैं इतनी नहीं लूँगा।

सातू : इतनी कितनी है! शुरू करने से पहले ही ना-ना करने लगे। सोडा तो है नहीं, किसी को पानी चाहिए?

कार्तिक : जी नहीं। पानी मिलाकर मैं इसे चौपट नहीं करना चाहता।

सातू : शशि बाबू, आपको?

शशि : नहीं, नीट ही ठीक रहेगी।

सातू : वाह, सब एक ही थैली के चट्टे-बट्टे निकले! यह अच्छी बात है।

कार्तिक : हिमाद्रि, जरा-सा चखकर देखोगे?

हिमाद्रि : नहीं-नहीं...मुझे यह सब नहीं चलता।...आप लोग लीजिए।

कार्तिक : हम लोग तो लेंगे ही। एक दिन तुम भी जरा चखकर देखते...

हिमाद्रि : नहीं, मुझे माफ कीजिए।

कार्तिक : डरो मत, तुम्हारे स्टूडेंट्स नहीं जान पाएँगे। और हेडमास्टर साहब को तो कहीं दूर-दूर तक पता नहीं चलेगा।

हिमाद्रि : नहीं, वह बात नहीं है।

शशि : *(व्यंग्य से)* तो फिर क्या बात है? प्रिंसिपुल का सवाल है?

[हिमाद्रि अचानक सिर उठाकर सीधे शशि की आँखों में देखता है।]

हिमाद्रि : प्रिंसिपुल भी नहीं शशि बाबू, असल में मुश्किल क्या है कि स्कूल टीचर को देखते के साथ आप लोग उसे सिद्धान्तों का पिटारा मान बैठते हैं।

शशि : अम्...हाँ...तुम कह तो ठीक ही रहे हो...

सातू : तो फिर जरा-सा चखने में क्या हर्ज है?

हिमाद्रि : हर्ज नहीं...डर है। स्कूल टीचर का कोई सिद्धान्त न भी हो तो भी उसे उसका खोल तो ओढ़ना ही पड़ता है। नहीं तो नौकरी चली जाए।

कार्तिक : तो यहाँ...इस एकान्त में एक-दो घूँट लेने में क्या डर है?

हिमाद्रि : यह कौन कह सकता है कार्तिक दा कि एक-दो घूँट तक ही-इस एकान्त तक ही बात खत्म हो जाएगी!

सातू : यह आप गलत सोच रहे हैं हिमाद्रि बाबू! एक दिन चखने से ही नशे की आदत नहीं पड़ जाती। यदि मन मजबूत हो तो...

हिमाद्रि : मेरा मन कितना मजबूत है, नहीं पता सातू बाबू। अपने को जितना कुछ जाना है उससे अपने-आप पर बहुत भरोसा नहीं होता।

कार्तिक : अच्छा, हम लोग इधर-उधर बहके नहीं जा रहे हैं?

हिमाद्रि : बहके जा रहे हैं? हूँ...

कार्तिक : देखो हिमाद्रि, मुँह पर कहना तो नहीं चाह रहा था पर सारा गाँव, बड़े-बूढ़े, लड़के-बच्चे, मास्टर सभी तुम्हारी इतनी तारीफ करते हैं कि...

हिमाद्रि : *(हँसकर)* कैसी तारीफ कार्तिक दा? मैं गणित अच्छा पढ़ाता हूँ, यही न?

कार्तिक : अरे नहीं, इससे बहुत ज्यादा। वह सब सुनकर क्या करोगे! पर हाँ, यह सही है कि जिसका मन मजबूत न हो उसे इतनी तारीफ नहीं मिलती।

हिमाद्रि : लोग किसी के बारे में कितना जानते हैं? भूल से वे जिसे मन की मजबूती मान बैठते हैं वह क्या है, जानते हैं? हठ-एक हठी आदमी का जबर्दस्त हठ। इसे मैं जितनी अच्छी तरह जानता हूँ उतना और कोई नहीं जान सकता।

[लड़की फिर हँस पड़ती है-उस पर रोशनी पड़ती है। कमरे का प्रकाश इस बार जलता ही रहता है।]

लड़की : यह हुई न बात! यही तो तुम्हारा किस्सा है...यही तुम्हारा रहस्य है...बोले जाओ...सब लोग...एक-एक आदमी का एक-एक किस्सा...एक-एक रहस्य। कौन किसका किस्सा जानता है? बोलो? कौन किसके बारे में जानता है?

हिमाद्रि : लीजिए, शुरू कीजिए आप लोग।

सातू : चीयर्स।

शशि : चीयर्स।

कार्तिक : यह क्या?

हिमाद्रि : *(हँसकर)* वाह कार्तिक दा, पीने से पहले चीयर्स किया जाता है, आप नहीं जानते?

कार्तिक : ना। मैं तो कहता हूँ-तारा तारा काली ब्रह्ममयी माँ।

[एक साथ बड़ा-सा घूँट लेकर कार्तिक मुख विकृत करता है।]

आ हा, क्या बात है विलायती की। जी जुड़ा गया।

शशि : जुड़ा गया नहीं, जल गया कहिए।

कार्तिक : एक ही बात है भाई, एक ही बात है।

लड़की : सच? जी जलना और जी जुड़ाना एक ही बात है? सच? सच कह रहे हो?

[पीछे की ओर उँगली से दिखलाते हुए]

तो धू-धू करती वह आग, जला रही है या जुड़ा रही है?

[लड़की पर पड़नेवाली रोशनी अचानक बुझ जाती है।]

शशि : और कितनी देर लगेगी, हिमाद्रि!

हिमाद्रि : ज्यादा-से-ज्यादा दो घंटा। आग खूब तेज जल रही है।

कार्तिक : हाँ, कम उम्र का मुर्दा है, जलने में देर नहीं लगेगी।

[अचानक एक कुत्ता जोरों से रोने लगता है। सातू बुरी तरह चौंक पड़ता है।]

कार्तिक : अरे सातू बाबू, कुत्ते की रुलाई सुनकर आप ऐसा चौंक क्यों पड़े?

सातू : *(हल्की हँसी के साथ)* कुत्ते की यह चीख मुझे बहुत बुरी लगती है, मुझसे कभी नहीं बर्दाश्त होती।

[खिड़की में लड़की का चेहरा दिखलाई पड़ता है।]

लड़की : कभी नहीं? सच?

शशि : हाँ, कुछ ऐसी आवाजें होती हैं जो बचपन से ही जाने क्यों...

सातू : *(गम्भीर)* नहीं, बचपन से नहीं। 'कभी' मैंने ऐसे ही कह दिया था-हटाइए इसे।

[एक घूँट लेता है।]

लड़की : क्यों, हटाइए क्यों? बोलो न, अपनी कहानी बोलो न।

सातू : कार्तिक बाबू, पाँच काला तो खुला ही है, इन लोगों की काली झंडी नहीं खुलवाइएगा?

लड़की : नहीं कहोगे? अपनी कहानी नहीं कहोगे?

शशि : हाँ न। आओ तो हिमाद्रि। अभी सब काला बन्द करके लाल करता हूँ।

[ताश बाँटा जाता है। लड़की खिड़की से हटकर दरवाज़े के पास आकर उत्सुकता से देखती है।]

शशि : बोलिए।

सातू : सोलह।

हिमाद्रि : पास।

कार्तिक : पास।

शशि : सत्रह।

सातू : मेरे।

शशि : अठारह।

सातू : पास।

[शशि रंग लगाता है। ताश बाँटकर खेल शुरू होता है। लड़की पास आकर झुककर एक आदमी का ताश देखने लगती है। फिर सामने की ओर आ जाती है।]

लड़की : *(मुलायम स्वर में)* साहब-बीबी। पेयर। साहब-बीबी पेयर। पेयर? ना...जोड़ा...? वह कविता थी न...मौसी सुनाया करती थीं...जोड़ा-जोड़ा...हाँ, याद आया-

आम का पत्ता जोड़ा-जोड़ा
आम का पत्ता जोड़ा-जोड़ा
मारा चाबुक दौड़ा घोड़ा।
छोड़ रास्ता खड़ी हो बीबी
आता है यह पगला घोड़ा।

[धीरे-धीरे करके आवाज तेज होती जाती है। मुट्ठी बँध जाती है-चेहरे पर वेदना का भाव उभर आता है।]

पगला घोड़ा। घोड़ा पगला गया है। बन्दूक से उसे मार दिया गया है। आल राइट, वेरी गुड।

[अचानक मुँह दबाकर उसी कुत्ते की तरह चीत्कार कर उठती है।]

ना...आ...आ...आ...

सातू : ग्यारह–तेरह–सोलह। चलिए, काली झंडी हो गई।

[लड़की सामने एक ओर हट जाती है। उसकी नजर इन लोगों की ओर है। दर्शकों की ओर पीठ है जिस पर खुले बाल लहरा रहे हैं।]

काली झंडी।

[बोतल उठाकर]

कार्तिक बाबू, गिलास बढ़ाइए, आप भी शशि बाबू।

[लड़की घूमकर खड़ी होती है। खिलाड़ियों की ओर उँगली दिखाती हुई दर्शकों से कहती है :]

लड़की : ये दुख भुलाना चाह रहे हैं? शराब के नशे में?

[खिलखिलाकर हँस पड़ती है। हँसते–हँसते चली जाती है, पीठ पर बाल लहराते रहते हैं। सातू ताश बाँटता है।]

शशि : अब और नहीं। मन नहीं कर रहा है।

कार्तिक : क्यों साहब, हार गए तो रोने लगे!

शशि : *(खड़े होते हुए)* नहीं, हारने की बात नहीं है।...अच्छा, क्या जीतने पर हर समय अच्छा ही लगता है।

सातू : वाह! जीतने पर अच्छा नहीं लगता?

शशि : नहीं! हर जीत अच्छी लगनेवाली नहीं भी हो सकती है।

सातू : जैसे?

शशि : जैसे? लीजिए, आपने तो मुश्किल में डाल दिया। अरे, कोई इतना नाप–तौलकर थोड़े ही यह बात कही थी। अच्छा, मान लीजिए किसी बात पर बीबी से आपकी खूब बहस हो गई।

सातू : *(जोर से हँसते हुए।)* बीबी से मेरी बहस? अरे शशि बाबू,

आपको और कोई बीबी वाला नहीं मिला?

कार्तिक : क्यों, क्या आपने शादी नहीं की है?

सातू : ना, एकदम नहीं, एक बार भी नहीं। समय ही कहाँ मिला!

शशि : समय न मिलने के कारण ही ब्याह नहीं कर पाए?

सातू : लीजिए...इस बार आपने बात पकड़ ली। मैं तो यों ही...

कार्तिक : ब्याह करने की इच्छा कभी नहीं हुई?

सातू : इच्छा हो क्यों? ब्याह करके लोग जो कुछ पाते हैं वह मैं यदि बिना ब्याह किए ही पा जाऊँ तो? अच्छा इतना ही नहीं, दूसरे सब लोगों से अच्छा ही पा जाऊँ तो...

हिमाद्रि : सच, क्या ऐसा हो सकता है?

सातू : लगता है, हिमाद्रि बाबू को मेरी बात जँची नहीं।

हिमाद्रि : मुझे जँचने न जँचने का सवाल नहीं है। मैं तो केवल पूछ रहा हूँ कि क्या सचमुच वैसा होना सम्भव होता है?

सातू : देखिए हिमाद्रि बाबू, यदि आप कहें कि 'पुत्रार्थ क्रियते भार्या', तब बात अलग है। पर अपने वंश की बेल बढ़ाने की बात तो कभी मेरे लिए सर-दर्द बनी नहीं। अब आप ही बतलाइए, क्या करूँ?

हिमाद्रि : मैंने वंशबेल बढ़ाने की बात तो नहीं कही।

हिमाद्रि : तो आपका मतलब घर-गृहस्थी, बीबी और उसके हाथ की बनाई स्वादिष्ट रसोई से था?

[जोर से हँस पड़ता है]

वह सब कुछ नहीं है हिमाद्रि बाबू, कुछ नहीं है। आप भी जानते हैं और मैं भी अच्छी तरह जानता हूँ-असल चीज कुछ और ही है।

कार्तिक : वह असल चीज आपको कहाँ मिलती है?

सातू : अरे कार्तिक बाबू, ठीकेदारी का काम। कुली-मजूर हैं, और-और बहुतेरी जगहें हैं...

कार्तिक : माने...भले घरों को बाद देकर?

सातू : आप जिसे भला घर कहते हैं वह एकदम बाद तो नहीं रहा।

पर उन सबमें सचमुच भला कौन था, यह कहना कठिन है।

[शशि इस बीच दरवाज़े तक आकर बाहर देख रहा था। अचानक लौटकर अपना गिलास सातू की ओर बढ़ा देता है।]

शशि : थोड़ी और दीजिए तो।

सातू : यह हुई न कोई बात! आइए हुजूर, बड़ी खुशी से लीजिए।

[ढालकर]

कार्तिक बाबू, आप?

कार्तिक : *(गिलास खाली करके बढ़ाते हुए)* डिट्टो। मैं कभी पास नहीं करता।

सातू : हिमाद्रि बाबू, विचार कुछ बदला?

हिमाद्रि : *(हँसकर)* नहीं, अभी तो नहीं।

[शशि खिड़की तक जाता है।]

कार्तिक : शशि बाबू, क्या बात है? आप इस तरह बेचैन क्यों हो रहे हैं?

शशि : *(घूमकर)* ऐं?...नहीं, बैठे-बैठे पैर जकड़ गया, दर्द करने लगा।

[लड़की खिलखिलाकर हँस पड़ती है। कमरे के बाहर का वह हिस्सा आलोकित हो उठता है। भीतर अन्धकार है, केवल खिड़की के पास खड़े शशि पर हल्की-सी रोशनी पड़ रही है।]

लड़की : पैर नहीं...पैर नहीं...सिर...सिर दर्द करने लगा है। और करेगा नहीं? भीतर न जाने कितना कुछ भरा हुआ है!
तुम लोग उसे खाली तो करते नहीं, सब कुछ सँजोकर रखे रहते हो तो क्या होगा?...मन में कुछ मथ रहा है न? भीतर-ही-भीतर कुछ उमड़-घुमड़कर तुम्हें बैचेन किए है...तुम्हारी समझ में नहीं आ रहा है पर...

शशि : *(स्पष्ट रूप से, फिर भी जैसे अपने आपमें ही)* मालती?

लड़की : मालती? मालती न जाने कब की मरकर भूत हो गई। मेरी

तरह। जलकर राख हो गई, ठीक इसी तरह–

[पीछे की ओर उँगली से दिखलाते हुए]

ऐसी ही धू-धू करती आग में...ठीक मेरी तरह।

[शशि चौंक पड़ता है मानो सामने किसी को देखकर अवाक् हो गया हो।]

शशि : मालती!

लड़की : हाँ मालती। बोलो न, अपनी हार–जीत की कहानी कहो न। *(दर्शकों से)* बड़ी अच्छी कहानी है। मुझे बड़ी अच्छी लगती है।

[शशि खिड़की से हटकर सामने की ओर बीच में आता है। लड़की उसके पास ही है पर पीछे। शशि जैसे किसी अदृश्य व्यक्ति से बात कर रहा है। लड़की पीछे से ही जवाब देती है।]

शशि : मालती! मालती, तुम यहाँ क्यों आईं?

[लड़की अब मालती बन गई है। सीधे खड़ी हो जाती है। उसके मुँह पर फीकी हँसी और आँखों में पीड़ा-भरा क्रोध का भाव है।]

मालती : तुम मुझे भगा दोगे?

शशि : तुमने वचन दिया था कि तुम कभी भी...

मालती : मैंने वचन नहीं दिया था।

शशि : बात हुई थी कि तुम कभी भी...

मालती : नहीं, कोई बात नहीं हुई थी। तुमने कहा था, तुमने। सब कुछ तुम्हारा ही कहा हुआ था।

शशि : हाँ, हो सकता है–पर क्या वही अच्छा नहीं है?

मालती : अच्छा–बुरा, उचित–अनुचित, मंगल–अमंगल तुमने सब ठीक कर रखा है। तुम सब ठीक–ठीक जानते हो। तुम विधाता हो न? तुम्हारे विधान में तो भूल हो नहीं सकती?

शशि : मालती, तुम खुद भी जानती हो कि...

मालती : *(सहसा क्रुद्ध होकर)* क्या जानती हूँ? खुद क्या जानती हूँ?

शशि : नहीं जानती? इस समय इस तरह मेरे पास आने का मतलब...

मालती : चले जाने को कह रहे हो?

शशि : इसके सिवा और उपाय भी क्या है?

मालती : ठीक है। चली जाऊँगी। पहले भी तुमने चले जाने को कहा था, चली गई थी। जिस रास्ते तुमने जाने को कहा था, उसी रास्ते गई थी। हमेशा तुम्हारी ही जीत हुई है—हमेशा।

शशि : जीत?

मालती : क्यों, जीत नहीं हुई है? हमेशा तुम्हीं नहीं जीते हो?

शशि : कैसी जीत? किसकी जीत?

मालती : तुम्हारी, और किसकी! अपने–आपसे जब–जब तुमने लड़ाई की है, तुम्हीं जीते हो। तुममें इतनी शक्ति है—तुम जीत सके। तुम टूटे नहीं, बिखरे नहीं, प्रवाह में बह नहीं गए। तुम हमेशा जीते। हार कैसी होती है, तुमने जाना ही नहीं।

शशि : मैं क्या हार–जीत की बात सोचकर...

मालती : नहीं, सो क्यों? सो क्यों सोचोगे? तुम तो सोचते हो अच्छे–बुरे की बात, उचित–अनुचित की बात, मंगल–अमंगल की बात।

शशि : *(चीखकर)* मालती!

[घूमकर मालती के सामने खड़ा हो जाता है।]

मालती : *(रुद्ध स्वर में)* ठीक है, मैं चली ही जाऊँगी। मैं जानती थी तुम चले जाने को ही कहोगे। अपनी जीत के सुख का लोभ तुम नहीं छोड़ सकते।

[शशि कुछ कहना चाहता है पर मालती उसे रोक देती है। जलती आँखों से उसे देखती हुई एक कदम और आगे आती है।]

जाने से पहले तुम्हें बतला देना चाहती हूँ कि मैं क्यों आई थी।

[मालती साड़ी के नीचे से ब्लाउज खींचकर ऊपर

करती है नीचे का बटन खोलने लगती है।]

शशि : *(आश्चर्य से)* मालती, यह क्या कर रही हो?

[अचानक एकदम अन्धकार हो जाता है। अन्धकार में लड़की की हँसी सुनाई पड़ती है। भीतर कमरे में प्रकाश हो जाता है। शशि पहले की तरह खिड़की में खड़ा है। लड़की नहीं है।]

कार्तिक : पैर तो मेरा भी जकड़ गया।

[उठकर अँगड़ाई लेता है।]

तारा...तारा माँ।

सातू : *(हँसकर)* चीयर्स! लीजिए।

[कार्तिक को गिलास थमाता है।]

कार्तिक : सातू बाबू जानते हैं, यह काली का प्रसाद है–श्मशान–काली का प्रसाद! माँ–माँ!

[पीता है]

सातू : शशि बाबू, क्या सचमुच और नहीं खेलिएगा?

शशि : *(एकदम आगे बढ़कर)* आप कहिएगा तो खेल ही लूँगा–

सातू : नहीं–नहीं, मन न हो तो हटाइए। इससे अच्छा तो कुछ बातचीत ही की जाए।

[लड़की भागती हुई आती है–अपनी जगह पर]

लड़की : हाँ–हाँ, यही अच्छा है। बातचीत हो–किस्सा–कहानी हो...

[बड़े उत्साह से गाल पर हाथ रखकर कहानी सुनने बैठ जाती है। शशि भी इस बीच बैठ चुका है।]

क्या हुआ? शुरू करो।

सातू : कार्तिक बाबू, शुरू कीजिए।

कार्तिक : मैं?

सातू : आपने ही कहा न कि सिंहद्वार पर बैठे–बैठे आप सारी दुनिया

की खबर लिया करते हैं। उसी में से एकाध मजेदार किस्सा सुनाइए न।

हिमाद्रि : मजेदार किस्सा? श्मशान में?

[हँस पड़ता है]

सातू : श्मशान में ही तो मजेदार किस्सा जमता है। भूत की कहानी सुनने के लिए कमरे के भीतर गुलगुले गरम बिस्तर की जरूरत होती है। वैसे मेरा मतलब लिहाफ की गर्मी से नहीं है।

[जोर से हँस पड़ता है]

कार्तिक : आपने एकदम सच्ची बात कही है। श्मशान में मजेदार किस्सा ही जमता है, माने प्रेम-कहानी।

हिमाद्रि : प्रेम!

[हँस पड़ता है]

कार्तिक : *(मृदु हँसी)* क्यों हिमाद्रि, इस बुड्ढे खूसट के मुँह से प्रेम-कहानी की बात सुनकर हँसी आ रही है न?

हिमाद्रि : नहीं, मैं उस कारण से नहीं हँसा।

कार्तिक : तो फिर?

हिमाद्रि : श्मशान के साथ प्रेम का ठीक-ठीक मेल नहीं बैठा पाया, इसीलिए शायद हँसी आ गई।

शशि : *(अचानक बहुत जोर देकर)* प्रेम माने ही श्मशान, श्मशान माने ही प्रेम।

लड़की : *(अचानक खड़ी होकर)* झूठ। एकदम झूठ।

कार्तिक : आप गलत नहीं कह रहे हैं...

लड़की : एकदम गलत-एकदम झूठ...

सातू : बात समझ में नहीं आई। श्मशान में प्रेम-कहानी जम सकती है, यह तो समझ में आया पर प्रेम माने श्मशान और श्मशान माने प्रेम, यह बात...कुछ जमी नहीं...इन दोनों में मेल कहाँ है?

शशि : है सातू बाबू–खासकर एक माने में।

सातू : वह क्या?

शशि : दोनों में आग होती है और दोनों ही आग जलाकर राख कर देती है।

लड़की : *(प्रतिवाद करते हुए)* नहीं, कभी नहीं। प्रेम क्या जलाकर राख करता है? कभी नहीं।

सातू : *(हँसते हुए)* आई सी! प्रेम की आग?

लड़की : *(आर्त स्वर में)* नहीं...नहीं...वह आग जलाती नहीं...जुड़ाती है। जलाती नहीं, जुड़ाती है।

कार्तिक : प्रेम की आग? हाँ, आप कह सकते हैं। पर श्मशान की आग में जलने से पहले प्रेम की आग में जल लेना बुरा नहीं है।

लड़की : *(उत्सुकता से)* हाँ–हाँ...बोलो...बोलो न...

कार्तिक : उससे कम–से–कम जिन्दा रहने का कोई कारण तो समझ में आता है!

सातू : आपके कहने का क्या मतलब कि जले बिना जीने का कोई अर्थ ही नहीं है?

कार्तिक : मेरे–आपके लिए हो सकता है। पर लड़कियों के बारे में मैं नहीं कह सकता...

[खिड़की के पास जाता है।]

लड़की : नहीं कह सकते? नहीं जानते...

हिमाद्रि : इसका मतलब, आप जानते हैं।

सातू : *(हँसकर)* ठीक, आप कहना चाहते हैं कि...प्रेम की आग में जले बिना लड़कियों के लिए जीवन का कोई अर्थ ही नहीं रह जाता।

कार्तिक : मैं सबकी बात नहीं कहता।

सातू : *(हँसकर)* हाँ, हाँ, समझ में आ रहा है...किसी एक खास लड़की की बात कह रहे हैं। वही किस्सा तो हम लोग सुनना चाहते हैं।

लड़की : है? तुम्हारे पास भी कोई किस्सा है? बोलो न। मैं तो तुम्हारा

किस्सा बिलकुल नहीं जानती।

कार्तिक : *(हँसकर)* अरे नहीं, नहीं, सातू बाबू...मेरा कोई किस्सा नहीं है।

लड़की : सच? कोई भी नहीं है?

कार्तिक : अब इसी लड़की को लीजिए।

[लड़की एकदम पत्थर हो जाती है।]

सातू : हाँ, देखिए न, एक बार बात उठी थी फिर बीच में ही रह गई। इस लड़की का क्या किस्सा है, आप कुछ कह रहे थे?

लड़की : *(विनती करते हुए)* नहीं-नहीं...वह किस्सा अभी रहने दो...अभी रहने दो। वह बाद में सुनाना ऐं...वह बाद में सुनाना।

कार्तिक : यह लड़की अभी तो चिता में जल रही है। इसके लिए जीने का क्या अर्थ था–आप बता सकते हैं?

सातू : क्यों, क्या यह लड़की आप लोगों की प्रेम की आग में कभी नहीं जली थी?

[कार्तिक-शशि-हिमाद्रि तीनों हँस पड़ते हैं। लड़की दोनों हाथों से अपने कान दबाकर तेजी से चली जाती है।]

शशि : प्रेम की आग में? यह लड़की?

कार्तिक : *(रूखे स्वर में)* प्रेम से यदि आपका मतलब...

हिमाद्रि : *(रोकते हुए)* अहा! कार्तिक दा...

सातू : क्यों, क्या हुआ?

कार्तिक : *(व्यंग्य)* यह गन्दी बातें, गन्दा कारबार हिमाद्रि को अच्छा नहीं लगता।

हिमाद्रि : नहीं, कारबार गन्दा होने का सवाल नहीं है। सवाल है आपके कहने का।

कार्तिक : ओ हो...दोष भाषा का है। ठीक है, तो तुम्हीं अपनी पवित्र भाषा में कहो।

शशि : पवित्र भाषा! पवित्र!

हिमाद्रि : *(नाराज होकर)* शशि दा...

शशि : मोरालिस्ट।

हिमाद्रि : मोरालिस्ट कौन है?

शशि : कौन नहीं है? तुम, मैं, कार्तिक बाबू...

कार्तिक : मुझे बाद देकर ही बात कीजिए शशि बाबू! आप लोगों के मोरेलिस्टों को मैं...जाने दीजिए। गन्दी बात कहने की मनाही है न, नहीं कहूँगा।

सातू : ओ हो...झगड़ा क्यों? कैसे मजे में कहानी-किस्सा चल रहा था...

हिमाद्रि : किस्सा कुछ खास नहीं है सातू बाबू! मैं थोड़े में सब बता देता हूँ। इस लड़की के जनमते ही माँ मर गई। सारे खानदान में बचा केवल इसका बूढ़ा बाप...

कार्तिक : बूढ़ा क्या, एकदम खंखड़ कहिए। फिर भी उसने पचास बरस की उम्र में सोलह बरस की लड़की से ब्याह किया...

हिमाद्रि : हाँ-हाँ, ऐसा ही तो हमेशा हुआ करता है। कौन जाने एक दिन हम लोगों के कार्तिक दा भी कुछ ऐसा ही कर बैठें...

कार्तिक : देखो हिमाद्रि, मैं और जो चाहे करूँ...

सातू : ओ हो...फिर गरमागरमी होने लगी। ऐसा कहने से कहीं कहानी आगे बढ़ पाएगी?

कार्तिक : *(अचानक हँसकर)* अच्छा ठीक है। हिमाद्रि तुम्हीं बोलो... जैसे मर्जी आए वैसे।

हिमाद्रि : नहीं, मैं अब नहीं कहूँगा। न हो शशि दा कहें।

शशि : किस्सा सचमुच कुछ खास नहीं है सातू बाबू। इस किस्से को लेकर कोई छोटी कहानी भी नहीं लिखेगा, उपन्यास की तो बात ही छोड़िए।

सातू : नहीं लिखेगा, तो न सही। हमें उससे क्या! हम लोग यहाँ साहित्य-गोष्ठी करने तो जुटे नहीं हैं कि कहानी लिखने लायक किस्सा ही कहें-सुनें।

कार्तिक : *(हँसकर)* हाँ, और क्या! हम लोग तो श्मशान-मित्र-मंडल के अधिवेशन के लिए जुटे हैं, क्यों?

सातू : हाँ, शुरू कीजिए शशि बाबू।

शशि : कहा न, लड़की का बूढ़े बाप के सिवा और कोई नहीं था। बाप को भी लकवा मार गया था सो हिलने-डुलने लायक तक न था।

[अचानक कुत्ता फिर रो उठता है। शशि रुक जाता है। सातू पहले से भी अधिक चौंक जाता है। दाँत पर दाँत बैठाए कुत्ते का रोना सुनता रहता है। फिर हाथ के गिलास की मदिरा एक झटके में गिरा देता है।]

कार्तिक : हैं-हैं, यह क्या किया? पैसा खर्च करके लाया गया माल...

सातू : *(सम्हलते हुए)* कोई कीड़ा पड़ गया था। ज्यादा नहीं थी।

[बोतल में से काफी शराब ढाल देता है। शशि और कार्तिक को भी देता है।]

हिमाद्रि : *(उठकर)* जाऊँ, एक बार देख आऊँ-

सातू : मैं जा रहा हूँ...

[खड़ा हो जाता है।]

हिमाद्रि : नहीं-नहीं, आप शशि बाबू की कहानी सुनिए-

सातू : लौटकर सुनूँगा। देखूँ, कुत्ते को भी खदेड़ा जा सके तो-

[सातू चला जाता है। शशि एक घूँट पीता है।]

शशि : आज बहुत ज्यादा हो जा रही है।

कार्तिक : चिन्ता मत कीजिए। नशे में धुत हो जाइएगा तो हम लोग आपको कन्धे पर उठाकर घर ले जाएँगे।

शशि : *(हँसते हुए)* लौटते वक्त भी कन्धा दीजिएगा।

हिमाद्रि : शशि दा, आप भी कैसी बातें करते हैं!

शशि : *(हँसकर)* ऐसी अशुभ बात मुँह से नहीं निकालनी चाहिए, ऐं? आप तो बिलकुल औरतों जैसी बातें कर रहे हैं!

हिमाद्रि : *(लज्जित होते हुए)* होगी। औरतें ही तो बचपन से ये सब संस्कार दिमाग में बैठा देती हैं।

[कार्तिक बैठा-बैठा ताश फेंटता रहता है।]

कार्तिक : हिमाद्रि, आओ, तब तक एक बाजी रंग-मिलौअल खेला जाए।

[दोनों ताश बाँटकर खेलना शुरू करते हैं। शशि उठकर खिड़की तक जाता है।]

हिमाद्रि : कार्तिक दा, आप बुरा तो नहीं मान गए?

कार्तिक : *(आश्चर्य से)* तुम्हारा दिमाग खराब है? यह भी कोई बात हुई?

[खेल चलता है। लड़की पर रोशनी पड़ती है–वह बैठी है।]

शशि : बाप रे बाप! बाहर कैसा अँधेरा है! आज क्या चन्द्रमा एकदम गायब है?

कार्तिक : *(खेलते-खेलते)* है, मगर छोटे साइज का।

लड़की : *(मन-ही-मन)* अच्छा, उस दिन चन्द्रमा किस साइज का था?

शशि : *(बाहर देखकर)* उससे क्या आता-जाता है?

लड़की : नहीं, मैं सोच रही थी, ऐसा ही छोटे साइज का था शायद। या बड़ा था? अच्छा उस दिन पूर्णिमा थी क्या? बड़ा-सा, गोल, चाँदी के थाल जैसा चाँद निकला था?

शशि : *(उसी तरह)* उससे क्या आता-जाता है? किसने इतना खयाल किया था?

लड़की : खयाल नहीं किया था, क्यों? श्मशान पर आकर कौन इतना खयाल करता है? मुर्दा जलाने आए थे, जलाकर चले गए।

शशि : *(पहले की तरह)* मालती!

लड़की : हाँ, मालती, मालती का मुर्दा। जलाने गए थे, याद नहीं है? तुम–और तुम्हारा वह लायक–

[व्यंग्य में]

दोस्त...प्रदीप या दीपक न जाने क्या नाम था...

शशि : प्रदीप।

लड़की : हाँ, प्रदीप। बड़ा अच्छा नाम है। और भी न जाने कौन-कौन था–याद नहीं!

शशि : प्रदीप! शैतान कहीं का।

लड़की : *(हँसकर)* हाँ, एकदम ठीक। शैतान, पक्का शैतान था! उसी के लिए तो मालती...

[साथ ही साथ लड़की मालती के रूप में खड़ी हो जाती है। शशि उसकी ओर बढ़ता है।]

शशि : मालती!

मालती : ना, ना, ना, ना,...

शशि : मालती सुनो...

मालती : ना...ना...

शशि : सुनो मालती, मेरी बात सुनो। इसके अलावा...

मालती : नहीं...नहीं...मुझसे नहीं होगा...मुझसे नहीं होगा...

शशि : *(उसके साथ ही)* इसके सिवा और कोई उपाय नहीं है मालती, और कोई उपाय नहीं है।

मालती : मुझसे नहीं होगा। अब मुझसे बिलकुल नहीं होगा।

शशि : केवल यही एक उपाय है मालती, हम लोगों के लिए और कोई रास्ता नहीं है।

मालती : अब मुझसे नहीं होगा...अब मुझसे किसी भी तरह...किसी भी तरह...

शशि : पर मालती, यदि तुम प्रदीप से शादी नहीं करोगी तो...

मालती : *(करुण स्वर में)* नहीं...नहीं...ऐसा मत कहो...मत कहो। अब वैसा किसी भी तरह नहीं हो सकता...किसी भी तरह नहीं...

शशि : किन्तु इतने दिनों तक तो तुम...उसी से...

मालती : इतने दिनों तक मैं जानती नहीं थी...समझती नहीं थी...अब मैं...अब मैं किसी भी तरह उससे विवाह नहीं कर सकती... तुम...

शशि : मालती...

मालती : तुमने...तुमने...मुझसे क्यों कहा?...तुम...तुम...क्यों आए? तुम क्यों...

शशि : किन्तु मैंने तो तुमसे कभी नहीं कहा कि...

मालती : तुम क्यों...हाँ, मैं जानती हूँ। जानती हूँ। तुमने मुझसे कभी नहीं कहा। कभी भी नहीं कहा। पर क्यों नहीं कहा?

शशि : तुम जानती नहीं?

मालती : जानती हूँ। जानती हूँ। प्रदीप तुम्हारा दोस्त है, तुम्हारा भाई है, तुम्हारा सगा फुफेरा भाई। उसके साथ बचपन से तुम...जानती हूँ...जानती हूँ...सब जानती हूँ।

शशि : तब फिर क्यों...?

मालती : *(चीखकर)* केवल इसीलिए तुम मुझे अपने से दूर कर दोगे?

शशि : केवल?

मालती : केवल इसीलिए मुझसे ब्याह नहीं करोगे? केवल प्रदीप के लिए?

शशि : मालती...

मालती : प्रदीप न होता तो? यदि उसके साथ पहले ब्याह की बात न हुई होती तो?...तब भी तुम मुझे...?

शशि : मालती, इस तरह सोचने से क्या कोई...

मालती : बोलो न, तब भी, क्या तुम मुझसे ब्याह न करते?

शशि : यह भी कोई सवाल हुआ?

मालती : तब...तब फिर...प्रदीप को मुँह न दिखा सकोगे इसीलिए...

शशि : *(दृढ़ स्वर में)* प्रदीप को नहीं मालती, मैं अपने-आपको मुँह न दिखा सकूँगा।

[मालती स्तब्ध हो जाती है।]

इस प्रकार अपने-आपसे हारकर, तुमसे ब्याह करके न मैं खुद सुखी हो पाऊँगा और न तुम्हें सुखी बना सकूँगा।

मालती : हारकर?

शशि : मालती, आज तुम प्रदीप को छोड़कर मुझसे...

मालती : देखो, तुम करो या न करो, प्रदीप से तो मैं किसी भी हालत

में ब्याह नहीं कर पाऊँगी। तब भी तुम्हारी हार होगी?

शशि : तब भी मेरी हार होगी!

मालती : क्यों?

शशि : क्योंकि मैं कभी भी भूल नहीं पाऊँगा कि मेरी ही खातिर तुमने प्रदीप का जीवन नष्ट किया।

मालती : और...और...सुखी नहीं हो पाओगे?

शशि : सुखी हो पाना क्या सम्भव होगा?

मालती : नहीं होगा?

शशि : मालती...क्या तुम मुझे नहीं जानती...

[मालती जरा देकर तक विह्वल नेत्रों से शशि को देखती रही है, फिर डरकर दो कदम पीछे हट जाती है, हाथ की मुट्ठी मुँह तक डर के मारे उठ जाती है। फिर अचानक घूमकर वह भाग जाती है। बस, एक भीतरी चीत्कार का स्वर गूँजता रह जाता है। शशि धीरे-धीरे खिड़की की ओर लौटता है।]

कार्तिक : मेरे तो सारे पत्ते खत्म होने को आए।...ये रहा लाल। चलो, अब कुछ देर और लड़ाई हो सकोगी।

[अचानक बाहर से कुत्ते की कें-कें सुनाई पड़ती है, जैसे कोई मार रहा हो। स्वर धीरे-धीरे दूर होता जाता है।]

हिमाद्रि : *(हँसकर)* सातू जाबू ने लगाया कुत्ते को।

[सातू का प्रवेश]

क्यों, भगा दिया?

सातू : हाँ। यहीं पास में आराम से बैठे थे बच्चू! जली लकड़ी खींचकर मारा बेटा को।

शशि : निशाना ठीक बैठा?

सातू : एकदम भरपूर...पीठ पर...

शशि : मैं मारता न, तो लकड़ी कुत्ते से दस गज दूर गिरती।

सातू : नहीं, पास से मारा था इसलिए...

शशि : पास से मारने से भी वही होता। मेरा निशाना कभी ठीक नहीं बैठता। जहाँ भी निशाना लगाता हूँ, उसके ठीक उलटी ओर निशाना लगता है।

[सातू बैठकर गिलास से एक लम्बा घूँट लेता है।]

कार्तिक : *(ताश फेंटकर)* लो—अब बस करो।

सातू : क्या खेल रहे थे?

कार्तिक : रंग-मिलौअल। ऐसे ही समय काटने के लिए और क्या?

[हिमाद्रि उठकर अँगड़ाई लेता है और सशब्द जम्हाई लेता है। कार्तिक दो बार चुटकी बजाता है।]

सातू : क्यों हिमाद्रि बाबू, नींद आ रही है?

हिमाद्रि : नहीं। मुरदनी में आकर मुझे नींद एकदम नहीं आती। न जाने क्यों?

सातू : आप क्या बहुत-सी मुरदनी में जा चुके हैं?

हिमाद्रि : बहुत-सी न भी हो तो 12-14 बार तो जाना ही पड़ा होगा।

सातू : आपको?

कार्तिक : मैं इसका हिसाब-किताब नहीं रखता। बहुत बड़ा खानदान है, कोई-न-कोई रोज मरता ही रहता है। जीते-जी कोई सम्बन्ध नहीं रहता, पर मरने पर कन्धा देकर मैं अपना ऋण उतार आता हूँ। फिर खानदान के बाहर भी यदि माल का तार रहा तो...

सातू : शशि बाबू, आप भी जरूर ही इस मामले में काफी जानकारी रखते होंगे?

शशि : हाँ, सो क्यों नहीं!

सातू : इसका मतलब यह कि मैं ही सबसे अनाड़ी हूँ। मेरी तो यह तीसरी ही मुरदनी है।

कार्तिक : ऐं? बस?

सातू : और नहीं तो क्या होगी? बचपन से ही घर-द्वार छोड़कर इधर-उधर भटकता रहा। इन तीनों में से भी कोई मेरा

अपना न था।

[लड़की अपनी जगह दौड़कर आती है।]

लड़की : क्या? क्या? क्या कहा?

हिमाद्रि : आपका रिश्तेदार कोई नहीं है?

सातू : देश में, खानदान में कौन है, कौन नहीं, पता नहीं। पन्द्रह बरस की उम्र में घर छोड़कर भाग आया था। उसके बाद से खोज-खबर ही नहीं ली।

हिमाद्रि : मतलब घर-परिवार कहने लायक आपका कुछ भी नहीं है?

सातू : *(अट्टहास करके)* घर-परिवार? जहाँ रहता हूँ वहीं घर बन जाता है। तम्बू, डाकबँगला, कुलियों की बस्ती, सस्ता गन्दा होटल-हर कहीं रह चुका हूँ। कुछ बाकी नहीं छूटा है।

लड़की : और...और कहीं नहीं रहे हो?

सातू : बीच-बीच में कभी-कभी खूब सजे-बजे कमरों में भी रात कटती है। उसमें बहुत खर्च पड़ता है पर रहने लायक वहीं होता है। *(हो-हो करके हँस पड़ता है।)*

हिमाद्रि : ओ! समझा!

सातू : *(हँसते-हँसते)* समझ गए? बड़ी बुरी संगति में पड़ गए हैं हिमाद्रि बाबू। अपना चरित्र बचाकर रखिएगा।

हिमाद्रि : *(हँसकर)* बुरी संगति से ही चरित्र बिगड़ जाए, वह उम्र अब कहाँ रही?

शशि : बिलकुल मत डरिए। हिमाद्रि का चरित्र बिगड़नेवाला नहीं है। एकदम पक्का-पोख्ता चरित्र है।

हिमाद्रि : *(हँसकर)* लगता है, शशि दा आज मेरे चरित्र पर भरे बैठे हैं?

शशि : नहीं हिमाद्रि, नहीं। खाली तुम्हारे चरित्र की बात नहीं है। और आज की भी नहीं है। यह जो चरित्र नाम का जन्तु है न, मैं उसी से खार खाए हूँ। हमेशा से।

लड़की : हमेशा से?

शशि : *(बिना सुने)* हमेशा से न भी हो तो बहुत दिनों से तो ऐसा

है ही।

हिमाद्रि : *(हँसकर)* कितने दिनों से?

लड़की : दस साल सात महीने से। नहीं?

शशि : कोई दस साल तो हुआ होगा।

कार्तिक : मतलब यह कि दस साल पहले आपने पहली बार चरित्र खोया था–क्यों?

शशि : नहीं, चरित्र खोया नहीं था। चरित्र पर से विश्वास खो दिया था।

कार्तिक : एक ही बात हुई।

लड़की : नहीं, एक ही बात नहीं है।

शशि : अच्छा सातू बाबू, यह जो आप ज्यादा रुपए खर्च करके कमरा भाड़े पर लेते हैं–वहाँ आपकी...जरूरत पूरी हो जाती है?

सातू : जरूरत केवल वहीं पूरी होती है शशि बाबू, और कहीं नहीं।

शशि : आप भाग्यवान हैं।

सातू : भाग्यवान आप भी हो सकते हैं। सीधा रास्ता है। जब कहिएगा दिखला दूँगा।

शशि : मैं जा चुका हूँ। काम बना नहीं।

सातू : माने?

शशि : माने, जरूरत पूरी नहीं हुई।

सातू : तो फिर ब्याह कर डालिए।

शशि : वह करके भी देख चुका हूँ।

सातू : ओ...ब्याह कर चुके हैं? कब?

शशि : आठ साल पहले। एक कोशिश की थी और क्या!

सातू : कोशिश? किस बात की?

शशि : अब...अब कैसे कहूँ...माने जरूरत पूरी होती है या नहीं, यह देखने की कोशिश की थी।

सातू : पूरी नहीं हुई?

शशि : ना! उलटे दो साल नरक-यातना भोगनी पड़ी। खैर, अन्त में मुक्ति दे गई, जान बची।

सातू : ओ! तो वे गुजर गईं?

हिमाद्रि : हटाइए भी।

शशि : *(थोड़ी खीझ में)* हटाने की क्या बात है हिमाद्रि!

[सातू से]

वैसे वह मरी नहीं, भाग गई।

हिमाद्रि : *(जल्दी से)* माने, पीहर चली गईं।

शशि : हाँ...भाग गई कहने से ही तो मतलब निकलता है कि किसी के साथ भाग गई। हिमाद्रि का ध्यान इन सब बातों पर खूब रहता है। किसी ने गलत समझा और बंटाधार हुआ! क्यों हिमाद्रि?

हिमाद्रि : मैंने उस दृष्टि से नहीं कहा था।

शशि : मानो उससे कोई फर्क पड़ता है!

सातू : कह तो रहा हूँ कि मैंने उस दृष्टि से...

शशि : *(उसकी बात अनसुनी करके सातू से)* पर मुझे पूरी निश्चिन्ती हो गई। बाप–माँ की लाड़ली बेटी थी। रहनेवाले भी बाहर के–पटना के थे। सुना कि चोरी–चोरी छिपाकर दूसरा ब्याह भी करवा दिया है।

[अचानक हँसकर]

चोरी–चोरी छिपाकर, समझे सातू बाबू! मानो मैं जानता तो बाधा देता! मैं!

सातू : *(अट्टहास करके)* उन लोगों ने उतना छिपाया, फिर भी आपको पता चल गया?

शशि : दुनिया में बहुत–से हितैषी हुआ करते हैं न; सो बड़े हितू बनकर मुझे सब सुना गए। पर उन्हें जब यह पता चला कि मैं इस मामले में कुछ नहीं करूँगा, तो मुझसे फिरंट हो गए। अब तो बोलचाल तक बन्द है। वह भी जान बची।

[इतनी देर तक लड़की चुप बैठी सुन रही थी।]

लड़की : *(अचानक)* अच्छा, तुम यह सब किस्सा क्यों सुना रहे हो? मालती का किस्सा नहीं कहोगे?

सातू : तब तो बड़ी मुश्किल है शशि बाबू! घर बसाकर भी आपका काम नहीं बना, घर भाड़े पर लेकर भी नहीं। अब आपको कहाँ भेजा जाए?

शशि : *(हँसकर)* चूल्हे में। वह जो बड़ा वाला चूल्हा जल रहा है न उसी में।

सातू : अरे, वह तो है ही हम सबके लिए। पर वहाँ पहुँचने के पहले तक क्या कीजिएगा?

शशि : तब तक...तब तक दूसरों को उस चूल्हे तक पहुँचा-पहुँचाकर जिन्दगी काट दूँगा। किसी तरह...

लड़की : नहीं कहोगे? मालती का किस्सा नहीं कहोगे?

सातू : आपका यह हाल हुआ कैसे? न घर के रहे न घाट के!

लड़की : बोलो न! बोलो न!

सातू : कम उम्र से प्रेम-व्रेम के चक्कर में पड़ गए थे क्या?

शशि : *(जोर से हँसकर)* प्रेम? बंगाली लड़का और प्रेम? उतना दम कहाँ है?

कार्तिक : क्यों? बंगाली लड़कों में प्रेम करने का दम नहीं होता?

शशि : दूसरों में किसमें कितना होता है, पता नहीं। पर मुझमें नहीं था, इतना जानता हूँ।

[लड़की उठकर खड़ी होती है। थोड़ी उत्तेजित हो गई है।]

लड़की : और बंगाली लड़की में? बंगाली लड़की में?

सातू : अच्छा भाई, आपने किया हो चाहे न किया हो, पर क्या कोई लड़की भी आपके प्रेम में नहीं पड़ी?

[लड़की उत्सुकता से सुनती है।]

शशि : *(हँस पड़ता है)* मेरे प्रेम में? दुनिया में इतने लोग हैं, उन्हें छोड़कर...

लड़की : झूठे! झूठे! झूठे!

[बोलते-बोलते दौड़कर भाग जाती है।]

शशि : और यदि कोई मेरे प्रेम में पड़ता ही तो फिर मैं 'न घर का न घाट का' रहता? मेरी यह दशा होती?

सातू : हाँ, सो तो है। आपने तो सचमुच चक्कर में डाल दिया।

कार्तिक : चक्कर में पड़कर क्या कीजिएगा सातू बाबू? दीजिए, गिलास भर दीजिए।

सातू : हाँ-हाँ, लीजिए।

(ढालकर) आप?

[शशि कुछ सोच रहा है, जवाब नहीं देता]

शशि बाबू!

शशि : *(चौंककर)* ऐं...

सातू : गिलास दीजिए।

शशि : ओ... *(आग्रह से)* हाँ-हाँ, दीजिए।

[गिलास की शराब खत्म करके गिलास बढ़ा देता है। सातू ढालता है।]

सातू : *(हँसकर)* तारा...तारा माँ।

कार्तिक
शशि : *(हँसकर)* तारा...तारा माँ।

[तीनों एक साथ पीते हैं।]

सातू : हाँ, आप लोग क्या बात कर रहे थे?

कार्तिक : शशि बाबू की बहू की।

सातू : नहीं-नहीं, उसके पहले, उसके पहले। मेरे जाने के ठीक पहले...

हिमाद्रि : ओ-शशि दा उस लड़की का किस्सा सुना रहे थे।

सातू : हाँ-हाँ, याद आया।

[जरा देर सोचकर]

अच्छा, कहानी पूरी हो गई थी?

शशि : हाँ, वह तो कब की पूरी हो गई थी।

सातू : पूरी हो गई थी? अच्छा, अन्त में क्या हुआ था?

कार्तिक : अन्त में वह मर गई और क्या? और उसी खुशी में हम लोग यहाँ बैठे विलायती ढाल रहे हैं।

हिमाद्रि : *(हँसकर)* लगता है, आप तीनों का नशा एक साथ रंग ला रहा है!

सातू : *(हिमाद्रि की बात अनसुनी करके)* नहीं–नहीं, मर गई यह तो जानी बात है। उसके पहले...न जाने कुछ रहस्य–सा था।

शशि : रहस्य?

कार्तिक : नहीं–नहीं, रहस्य–वहस्य कुछ नहीं था। सीधी–सादी बात थी।

[लड़की रोशनी में दिखलाई पड़ रही है।]

सातू : नहीं कैसे था, मुझे अच्छी तरह याद है। अरे, उसी को लेकर तो पहले किस्से की चर्चा हुई।

कार्तिक : किस किस्से की चर्चा?

सातू : लीजिए भला! मुझे किस्सा याद होता तो आप लोगों से पूछता क्यों?

लड़की : उस किस्से को छोड़ दो न। उसे याद करके क्या होगा!

हिमाद्रि : ओ...वही...प्रेम की आग का हिस्सा?

सातू : हाँ–हाँ। ऐं? प्रेम की आग? नहीं–नहीं, उसके भी पहले। आप उस समय बाहर गए थे–इसी बोतल को लेकर न जाने कौन–सी बात उठी...

कार्तिक : ओ, हाँ–हाँ, याद आया। आप पूछ रहे थे कि वह छोकरी मरी, तो मलिक बाबू बोतल क्यों देने गए?

सातू : हाँ–यही बात थी...इतनी देर बाद याद आई। मैं कह रहा था न कि कोई रहस्य की बात है?

हिमाद्रि : यही आपका रहस्य है?

लड़की : मालती! मालती! तुम नहीं आओगी? ये लोग क्या मेरा ही किस्सा कहेंगे?

सातू : हाँ, बोलिए शशि बाबू...

[शशि अन्यमनस्क है।]

शशि : ऐं...

सातू : रहस्य का उद्घाटन कीजिए, शशि बाबू!

शशि : कैसा रहस्य?

लड़की : मालती! तुम नहीं आओगी?

सातू : वाह शशि बाबू! आप नींद का झोंका लेने लगे थे क्या?

लड़की : मालती।

शशि : झोंका? नहीं-नहीं, नींद का झोंका क्यों लूँगा।

हिमाद्रि : *(हँसकर)* शशि बाबू पर चढ़ गई है, नशे में धुत हो रहे हैं।

शशि : बिलकुल नहीं। मैं...

लड़की : मालती!

सातू : नहीं-नहीं, नशा क्यों होगा? बोलिए शशि बाबू?

शशि : क्या?

सातू : इस लड़की का किस्सा।

शशि : किसका किस्सा?

लड़की : मालती!

सातू : इसी लड़की का जिसे हम लोग जलाने आए हैं।

शशि : *(चौंककर)* मालती?

[लड़की निश्चिन्त होती है।]

हिमाद्रि : *(आश्चर्य से)* मालती?

लड़की : हाँ-हाँ, मालती।

सातू : तो इस लड़की का नाम मालती था।

[कार्तिक शशि की बात पर ध्यान नहीं देता।]

कार्तिक : इस लड़की का? मालती? नहीं तो!

सातू : तो फिर शशि बाबू-

[शशि अचानक उठकर खड़ा होता है।]

शशि : मैं जरा...मैं एक बार...अभी आया।

[दरवाज़े की ओर जाता है।]

सातू : क्या हुआ?

[अचानक बात समझकर]

ओ? बाहर जा रहे हैं? जाइए-जाइए, हो आइए।

[शशि तब तक जा चुका है।]

कार्तिक : मैं भी एक बार हल्का हो आऊँ।

[दरवाज़े की ओर जाता है।]

सातू : तो चलिए, मैं भी चलूँ। बंगाली यूनिटी दिखला आई जाए। *(उठते हुए)* हिमाद्रि बाबू!

हिमाद्रि : *(हँसकर)* नहीं, मुझे जरूरत नहीं है।

[कार्तिक के पीछे सातू जाता है। हिमाद्रि स्टूल पर बैठकर चौकी पर टाँग फैलाकर अँगड़ाई लेता है।]

लड़की : *(पास आकर फुसफुसाकर)* सुनते हो?

[हिमाद्रि वैसे ही पड़ा रहता है। लड़की एक कदम और आगे आती है।]

सुनते हो? सुनो न! सुनो...।

[हिमाद्रि अचानक उठकर बैठ जाता है जैसे कोई आवाज सुनी हो। इधर-उधर देखता है। लड़की को नहीं देख पाता। इसके बाद कुर्ते की जेब से घड़ी निकालकर देखता है, फिर रख देता है। चौकी के पास से अलसाया हुआ-सा दरवाज़े की ओर जाते-जाते अचानक रुक जाता है। बोतल उठाकर देखता है।]

लड़की : पीयोगे? पी लो न? थोड़ी-सी पी लो, कुछ नहीं होगा।

[हिमाद्रि जरा-सा रुककर सिर हिलाकर बोतल रख देता है। खिड़की के पास जाकर खड़ा होता है।]

अच्छा, नहीं पी तो न सही। पर अपनी कहानी तो सुनाओ। सुनाओ न...अपनी...इनकी...सबकी कहानी।

[अस्थिर-सा हिमाद्रि लौट आता है।]

याद आ रही है न? क्यों?

[हिमाद्रि बोतल की ओर देखता है। जरा-सा हाथ भी जैसे बढ़ाता है।]

हाँ, हाँ, पीयो न। इसी समय पी लो, वे लोग जान भी न पाएँगे।

[हिमाद्रि हाथ खींचकर घूमकर खड़ा हो जाता है।]

नहीं पीयोगे? अच्छा, तो फिर उधर देखो...वह जो लाल आग जल रही है...एकदम लाल...

[हिमाद्रि खिड़की में जाता है।]

देखा। एकदम लाल हो रही है। याद आ रहा है न? क्यों? याद आ रहा है न...? उस समय उतनी देर तक आग को देख रहे थे, तब याद नहीं आया था? बोलो...याद नहीं आ रहा है?

[अचानक हिमाद्रि का विकृत दबा स्वर सुनाई पड़ता है।]

हिमाद्रि : वह क्या मेरा दोष था?

लड़की : नहीं तो फिर किसका था? किसका?

[हिमाद्रि घूमकर खड़ा होता है। उसके दोनों हाथ की मुट्ठियाँ बँधी हैं।]

हिमाद्रि : *(बड़े क्रूर भाव से)* चूल्हे में जाए।

लड़की : *(हँसते हुए)* चूल्हे में ही तो चली गई! नहीं गई? इसी तरह तो वह भी जली थी। तुम एकटक देखा किए थे। नहीं?

हिमाद्रि : *(कष्ट से)* मिलि!

लड़की : *(उत्साह से)* हाँ-हाँ, मिलि, मिलि।

हिमाद्रि : मिलि...मैं...मैं...

लड़की : हाँ-हाँ, बोलो न, बोलो न...बड़ी सुन्दर कहानी है।

हिमाद्रि : मैं...मैं क्या कर सकता था?

[लड़की खुले बालों का जूड़ा बाँध लेती है। आधुनिक ढंग से साड़ी का पल्ला लेती है। मानो हिमाद्रि के लिए खड़ी हो।]

हिमाद्रि : *(खुद ही)* ऐसा नहीं होता। ऐसा नहीं हो सकता। इतना बड़ा अन्तर! जमीन–आसमान का अन्तर।

[लड़की मिलि बनकर आगे आती है।]

मिलि : हिमाद्रि!

हिमाद्रि : बोलिए।

मिलि : *(पीड़ा से)* बोलिए?

हिमाद्रि : हाँ, बोलिए। क्या करना होगा?

मिलि : मैंने ऐसा क्या किया है हिमाद्रि जो तुम इस तरह कर रहे हो?

हिमाद्रि : आपने? आपकी जो मर्जी आए कीजिए, उसमें मैं क्या कह सकता हूँ?

मिलि : हिमाद्रि! मैं जानती हूँ...मैं जानती हूँ तुम...पर हर समय मुझसे हो नहीं पाता। जिस समाज में मैं बड़ी हुई हूँ, जिन लोगों को बचपन से देखा है, जिनके साथ उठी–बैठी हूँ...

हिमाद्रि : मुझसे यह सब क्यों कह रही हैं, मिस राय? मैं आपके भाई को पढ़ाता हूँ, उस बारे में यदि कुछ कहना हो तो...या उस काम में मुझसे कोई भूल हुई हो तो...कहिए।

[मिलि जरा देर चुप रहती है।]

मिलि : तुम मेरी मामूली–सी कमी भी नहीं सह सकते, क्यों?

[हिमाद्रि चुप रहता है।]

डैडी बड़े आदमी हैं–यही मेरा सबसे बड़ा दोष है न? *(हिमाद्रि)*

[अचनाक पीड़ा से]

तुम क्या चाहते हो कि मैं तुम्हारे पैरों पर गिरकर तुमसे माफी माँगूँ?

हिमाद्रि : मिस राय!

मिलि : बोलो। बोलो। तुम वही चाहते हो? यदि हाँ, तो मैं वही करूँगी। तुम जानते हो कि तुम जो चाहोगे मैं करूँगी। क्योंकि किए बिना मुझसे रहा नहीं जाएगा–क्या इसीलिए तुम बार-बार मुझे जलील करना चाहते हो?

हिमाद्रि : मिस राय, आप उत्तेजित हो गई हैं, इस समय बात न करना ही ठीक है। मैं चलूँ।

[हिमाद्रि खिड़की में लौट जाता है।]

मिलि : हिमाद्रि! हिमाद्रि!

[पीड़ा के कारण विकृत स्वर में]

आई हेट यू...आई हेट यू...हेट यू...हेट यू...

[दौड़कर चली जाती है। हिमाद्रि खिड़की में खड़ा बाहर की ओर देखता रहता है। सातू और कार्तिक की हँसी की आवाज सुनाई पड़ती है। हिमाद्रि चौंककर खिड़की से हट आता है। सातू और कार्तिक कमरे में आते हैं।]

सातू : *(जोरों से हँसते हुए)* क्या बात कही है आपने! एकदम सोलह आने खरी।

कार्तिक : मगर ऐसा लगा जैसे शशि बाबू जरा...

सातू : वह सब कुछ नहीं है। बहुत दिनों बाद पी है न, इसलिए। जरा देर बाहर खुली हवा में बैठने से ही ठीक हो जाएँगे।

कार्तिक : *(दरवाज़े तक जाकर देखकर)* पास ही बैठे हैं, दिख रहे हैं।

हिमाद्रि : क्या शशि दा की तबीयत ठीक नहीं है?

सातू : नहीं, कुछ खास नहीं, जरा सिर में दर्द हो गया है, इसीलिए थोड़ी देर बाहर बैठना चाह रहे हैं। फिक्र की कोई बात नहीं है।

[कार्तिक और सातू बैठकर एक-एक घूँट लेते हैं। हिमाद्रि दरवाज़े तक जाकर शशि को शायद देखता है।]

कार्तिक : तारा...तारा माँ...नैया पार करो।

सातू : *(हँसकर)* अभी ही पार होना चाहते हैं?

कार्तिक : नहीं-नहीं, अभी तो बहुत मजे में हूँ, अभी क्यों?

[जरा सोचकर]

और वैसे पार हो जाने में भी कोई नुकसान नहीं है। मैं किसी को रोटी-कपड़ा तो देता नहीं इसलिए मेरे पीछे मेरे नाम को कोई रोएगा भी नहीं।

सातू : रोटी-कपड़ा न देने से कोई रोता नहीं?

कार्तिक : *(फिर सोचकर)* ना...मुझे तो ऐसा कोई दिखता नहीं जो उसके बिना भी मेरे लिए रोए। आपके कोई है क्या?

सातू : मेरे? ना। रोना तो दूर रहा, कोई बात पूछनेवाला भी नहीं है।

कार्तिक : सबको चूल्हे में डाल चुके हैं?

सातू : सब कहने से तो मतलब बहुत से लोगों से हो जाता है। माने कम-से-कम एक से अधिक तो होता ही है।

कार्तिक : तो क्या आपके-एकमेवाद्वितीयम्? कोई एक सबसे खास भी थी?

[सातू अट्टहास करता है।]

सातू : एकमेवाद्वितीयम्। बाप रे बाप! इतना बड़ा कारबार नहीं था कार्तिक बाबू। कहाँ से होगा, बताइए? पन्द्रह बरस की उम्र से जिस तरह की लाइफ लीड की है उसमें...

कार्तिक : वाह साहब! मैं तो मानता था कि देश-परदेश घूम-घामकर आपने बहुत तरह की जानकारी...

सातू : ओ, आप जानकारी की बात कह रहे हैं?

कार्तिक : नहीं...माने...बहुत तरह के लोगों के परिचय में आने से भी तो जानकारी बढ़ती है। मतलब, लड़कियों के परिचय में...

सातू : कैसी लड़कियों के साथ मेरा परिचय रहा है, यह तो आपने सुना ही। मेरी मौत का, उनमें से किसी पर कोई असर पड़ेगा, कहना कठिन है।

कार्तिक : शरद बाबू ने अपने उपन्यासों में जिनकी चर्चा की है, क्या

वैसी कोई आपको नहीं मिली?

[सातू अट्टहास करता है। हिमाद्रि हल्का-सा चौंककर घूमकर खड़ा होता है। लड़की पर प्रकाश पड़ता है।]

सातू : कहाँ मिली?

लड़की : अच्छा, तुम लोग कहना चाहते हुए भी कहते क्यों नहीं, सब कुछ मन ही में क्यों दबाए रखते हो? कहने का मन नहीं करता? जोर से चिल्लाकर सब कुछ कह डालने की इच्छा नहीं होती?

[हिमाद्रि अचानक दरवाज़ा छोड़कर आगे आ जाता है।]

हिमाद्रि : सातू बाबू, मैंने अपना निर्णय बदल दिया है। मुझे थोड़ी-सी दीजिएगा।

सातू : *(उत्साह से)* वाह! वाह! क्या बात कही है, हिमाद्रि बाबू! इसी की तो कमी थी। भला बताइए, एक ही तीर्थ करें हम चारों और हममें से एक को फल-प्राप्ति अलग हो, यह भी कोई बात हुई?

[बड़े उत्साह के साथ चौथे गिलास में ढालना शुरू करता है।]

कार्तिक : और तीर्थ भी श्मशान तीर्थ!

सातू : हाँ, बिलकुल ठीक।

हिमाद्रि : बस, बस। और नहीं।...अरे, इतनी-सी दे दी?

सातू : हिमाद्रि बाबू, यह तो होमियोपैथिक डोज है। पर हाँ, पहली बार एकदम नीट मत लीजिए। जरा रुकिए, मैं थोड़ा पानी मिला दूँ।

हिमाद्रि : नहीं, आप लोगों ने जैसी ली है, मैं भी वैसी ही लूँगा।

कार्तिक : ब्रेवो ब्रदर! पर छोटे-छोटे घूँट लेना।

[हिमाद्रि एक घूँट पीकर मुँह बनाता है। लड़की

उत्सुकता से देख रही है।]

लड़की : पी ली, अब बोलोगे?

हिमाद्रि : अरे बाप रे, यह तो बड़ी कड़वी है! आप लोग किस सुख की खातिर इस जहर का पान करते हैं?

कार्तिक : इसका स्वाद जीभ को नहीं मिलता, दिमाग को मिलता है, समझे!

लड़की : हाँ, दिमाग को। तभी तो लोग कहते हैं कि यह आग की तरह है। जलाती भी है और जुड़ाती भी है। जलाती भी है और जुड़ाती भी है। नहीं?

कार्तिक : *(बोतल उठाकर)* यह बोतल तो खत्म हो चली।

सातू : अब बोलिए। एक बोतल और लाकर समझदारी का काम किया न? नहीं तो अब क्या करते?

कार्तिक : वह समझदारी की बात तो मेरे मन में भी आई थी। पर खाली समझदारी के भरोसे तो लाला की दुकान से माल उठाया नहीं जा सकता था।

[सातू अट्टहास करता है।]

लड़की : थोड़ी और लो न? थोड़ी और ले लो।

[हिमाद्रि एक घूँट और लेता है।]

सब कुछ भुलाने के लिए पी रहे हो? पर भुला नहीं सकोगे। इससे और याद आएगी। और तब अपना किस्सा सुनाओगे, क्यों? सुनाओगे न?

[शशि दरवाज़े पर लौट आता है।]

सातू : आइए, आइए शशि बाबू! दिमाग खुलासा हुआ?

शशि : दिमाग? मेरे दिमाग को क्या हुआ था? मेरा गिलास कौन-सा है?

सातू : यह रहा। रुकिए, भर दूँ।

[भर देता है। एक घूँट पीकर शशि खिड़की में जाकर खड़ा होता है।]

शशि : बाप रे बाप, कैसी अँधेरी रात है! ऐसी रात तो कभी देखी ही नहीं थी।

लड़की : नहीं देखी थी। तब उस दिन क्या पूर्णिमा थी?

सातू : शशि बाबू, आपने तो कहानी पूरी ही नहीं की, बीच में छोड़ दी।

शशि : *(धीरे-धीरे घूमकर)* कहानी?

लड़की : *(फुसफुसाकर)* हाँ, कहानी। मालती की कहानी। मालती की।

सातू : हाँ, इसी लड़की की कहानी।

लड़की : *(शशि को देखते हुए)* नहीं, मेरी कहानी नहीं। मालती की कहानी, मालती की।

[शशि अचानक आगे आकर चौकी पर गिलास रख देता है।]

शशि : *(उत्तेजित होकर)* अच्छा, सातू बाबू, एक सवाल का जवाब दीजिएगा?

सातू : *(अवाक् होकर)* हाँ, दूँगा क्यों नहीं?

शशि : *(जल्दी से)* मान लीजिए मैं आपका दोस्त हूँ, खूब गहरा दोस्त...

सातू : सो तो हैं ही।

शशि : नहीं...नहीं, ऐसा नहीं...और भी गहरा...एकदम बचपन से...या मान लीजिए, मैं आपका भाई हूँ...छोटा भाई। मैं एक लड़की से आपका परिचय करवाता हूँ और कहता हूँ कि मैं इससे ब्याह करने जा रहा हूँ। लड़की भी, मान लीजिए, मुझसे ब्याह करना चाहती है। आप...आप क्या उसे...*(रुक जाता है)*

लड़की : और बताओ न? इतने से कैसे काम चलेगा?

शशि : *(एक बार सिर पर हाथ फेरकर)* नहीं...मैं ठीक से कह नहीं पाया। मान लीजिए...आप जानते हैं कि मैं बुरा आदमी हूँ। नहीं...इससे भी बढ़कर कि बड़ा निष्ठुर हूँ, क्रूर हूँ, स्वार्थी

हूँ,...मेरे साथ ब्याह करके लड़की सुखी न हो पाएगी। आप यह जानते हैं...खूब अच्छी तरह जानते हैं। तब भी क्या... *(फिर रुक जाता है।)*

लड़की : सच बात कहो न। आगे बोलो।

शशि : इतना ही नहीं...आप यह भी पाते हैं आप उस लड़की से प्रेम करते हैं, लड़की भी आपको चाहती है–लड़की यह अच्छी तरह समझ गई है कि प्रदी...माने मेरे साथ ब्याह करके उसका जीवन नष्ट हो जाएगा–तब भी...तब भी क्या आप उसे मेरे हाथों सौंप देंगे?

[सब चुप होकर सुन रहे हैं। कोई बोलता नहीं।]

बोलिए। सौंप देंगे, सब कुछ जानते–समझते हुए भी? इस तरह उसे आग में झोंकना ठीक होगा? मैं आपका दोस्त हूँ, भाई हूँ...क्या इसीलिए ऐसा करना उचित होगा?

सातू : बड़ा टेढ़ा सवाल पूछा आपने, शशि बाबू! इसका क्या जवाब दूँ!

शशि : आप कार्तिक बाबू?

[कार्तिक धीरे–धीरे नकारात्मक सिर हिलाता है।]

तुम हिमाद्रि?

हिमाद्रि : *(जरा रुककर)* यही सवाल यदि आप आज सुबह पूछते...या शाम तक भी पूछते तो सीधा–सा, छोटा–सा उत्तर देता–हाँ। क्योंकि वह लड़की आपके दोस्त की मंगेतर है।

लड़की : *(साँस रोककर)* और इस समय?

हिमाद्रि : *(धीरे–धीरे)* इस समय...पता नहीं शशि दा।

[जरा रुककर, हाथ का गिलास ऊपर उठाकर]

यदि पता होता तो शायद इसे पीने की जरूरत न पड़ती।

लड़की : *(मुँह ऊपर करके प्रायः कुत्ते के रोने का आवाज की तरह आवाज करती हुई)* मा...ल...ती...ई...ई...। ये लोग नहीं जानते। नहीं जानते और यदि जानते भी हैं तो कहते नहीं।

[कमरे के भीतर इस बीच धीरे-धीरे प्रकाश कम होते-होते करीब-करीब अन्धकार-सा हो गया है। शशि इधर आगे आ गया है।]

शशि : मालती!

[लड़की मालती बनकर समाने आकर खड़ी होती है। दोनों पर रोशनी पड़ रही है-शेष अन्धकार।]

मालती!

मालती : हाँ, मैं चली ही जाऊँगी। मैं जानती थी, तुम चली जाने को ही कहोगे। अपनी जीत के सुख का लोभ तुम नहीं छोड़ सकते।

[शशि जैसे कुछ कहना चाहता है। उसे रोकती हुई]

जाने से पहले केवल तुम्हें बता देना चाहती हूँ कि मैं क्यों आई थी।

[मालती साड़ी के नीचे से ब्लाउज खींचती है। सबसे नीचे का बटन खोलने लगती है।]

शशि : *(आश्चर्य से)* यह क्या कर रही हो मालती?

[मालती की उँगलियाँ रुक जाती हैं। आँखों में पहले हल्का आश्चर्य फिर सन्तोष। फिर बड़ी पीड़ामयी तीखी हँसी। शशि सम्मोहित-सा उस हँसी की ओर देखता रहा है। नीचे का बटन खोलकर मालती धीरे-धीरे शशि की ओर पीठ करके खड़ी होती है। पीछे का एक हिस्सा खोलकर उसे दिखलाती है। हल्की-सी चीत्कार के साथ शशि एक कदम पीछे हटता है।]

यह क्या?

मालती : तुम्हारे दोस्त-तुम्हारे भाई का प्रसाद।

शशि : क्यों?

मालती : मैंने कहा था कि मैं उससे घृणा करती हूँ-और तुम्हें प्यार।

[शशि एकदम चुप। मालती ब्लाउज नीचे करके बटन लगाने लगती है।]

किस चीज से किया है, जानते हो?

[शशि बोल नहीं पाता।]

हम लोगों के ब्याह में तुमने जो चाँदी का चाकू दिया था, उसे ही गरम करके।

[शशि फिर चुप।]

चाँदी खूब जल्दी गरम हो जाती है, इसीलिए। उसके पास समय बहुत थोड़ा था।

[शशि देखता ही रह जाता है। मालती शशि की आँखों में आँखें डाले ब्लाउज साड़ी के नीचे घुसा लेती है। उसके चेहरे पर वही तीखी हँसी है–जलती हुई। धीरे-धीरे सब अन्धकार हो जाता है। पुनः कमरे में चौकी के पास रोशनी पड़ती है। शशि ने जहाँ पर खड़े होकर इनसे सवाल किया था, वहीं वैसे ही खड़ा है। मालती नहीं है।]

शशि : नहीं पता, हिमाद्रि?

हिमाद्रि : ना शशि दा! इस समय कुछ पता नहीं...कुछ नहीं कह सकता।

शशि : आप लोगों में से किसी को भी पता नहीं है?

[सातू और कार्तिक गरदन हिलाते हैं।]

मैं जानता हूँ। आप कर्तव्य समझकर उस लड़की को मेरे हाथों सौंप देंगे और साल-भर के अन्दर अपने ऊपर तेल छिड़ककर वह आग लगा लेगी। तब हम और आप उसके जले शरीर को कन्धा देंगे। और इसी तरह उसे यहाँ लाकर फूँक देंगे।

[सब चुप।]

आप कहेंगे–वह मेरे अत्याचार से मरी है। ठीक ही तो है। इसीलिए मरी है। आपका क्या दोष? दुनिया यही कहेगी–आपका क्या दोष? और आप भी दुनिया के साथ गला मिलाकर जब तक कह सकिए...जब तक...

[अचानक गिलास उठाकर एक घूँट में खत्म कर देता है। उसके बाद एकदम शान्त ठंडे स्वर में बोलता है।]

ताश देखिए, सातू बाबू! देखूँ, इस बार जीत होती है या हार।

[यवनिका]

द्वितीय अंक

[स्थान वही। पर्दा खुलने पर अपनी जगह पर लड़की दर्शकों की ओर मुँह करके बैठी है।]

लड़की : कैसी लगी कहानी? मालती की कहानी? बड़ी प्यारी है न? मुझे बड़ी अच्छी लगती है। उन लोगों की कहानियाँ भी हैं? एक-एक आदमी की एक-एक कहानी। एक साथ सब सुनने से शायद उतनी अच्छी न लगें। कुछ-कुछ मिलती-जुलती-सी हैं न! पर मुझे इनमें से हर एक कहानी अच्छी लगती है। समान रूप से अच्छी लगती है। बार-बार सुनने का मन करता है। प्रेम-कहानी है न...! हाँ, प्रेम-कहानी। प्यारा-सा शब्द है, है न? प्रेम। ठीक उस आग की तरह जलाता भी है और जुड़ाता भी है। यदि ऐसा न होता तो... अच्छा यह पीड़ा, यातना, जलना यह सब एकदम फालतू बात है न? इनमें से कोई भी मतलब की बात नहीं, असल बात नहीं है। मरने पर तो जलना ही होगा, जैसे अभी मैं जल रही हूँ। पर यदि केवल यह जलना ही रहे...केवल यही...तो... ओह...

[दोनों हाथ से मुँह ढँककर बैठ जाती है। कमरे के भीतर धीरे-धीरे रोशनी होती है। आवाज सुनाई पड़ती है।]

कार्तिक : सोलह।

शशि : मेरे।

कार्तिक : सत्रह।

शशि : मेरे।

कार्तिक : अट्ठारह।

शशि : मेरे।

कार्तिक : उन्नीस।

शशि : मेरे।

हिमाद्रि : क्या कर रहे हैं शशि दा? चार काला खुला हुआ है–

शशि : तुम रुको तो। मेरे।

कार्तिक : बीस।

शशि : मेरे।

कार्तिक : पास।

सातू : डबल।

हिमाद्रि : हुआ न? चार काला पहले से ही है। इस बार डबल। काली झंडी पूरी हो गई।

शशि : *(हँसकर)* लाओ, रंग लगाऊँ।

[रंग लगाता है। ताश बाँटकर खेल शुरू होता है। दूसरी बोतल चल रही है। लड़की धीरे-धीरे मुँह उठाती है।]

लड़की : शाम के समय आसमान किस तरह धीरे-धीरे रंग बदलता है। मेरे कमरे की खिड़की पश्चिम की ओर थी। बचपन से ही हर शाम को मैं खिड़की में खड़ी होकर आसमान का रंग बदलना देखा करती थी। मुझे बड़ा अच्छा लगता था। पन्द्रह साल की उम्र तक रोज...हाँ, सच रोज शाम को उसी खिड़की में खड़ी होकर मैंने आसमान को देखा था। उसके बाद तीन साल तक नहीं देख पाई। कमरे में खिड़की ही नहीं थी।...पूरब-पश्चिम की तो बात ही क्या! बाहर की ओर जितनी खिड़कियाँ थीं, बन्द थीं। सबमें धुँधला शीशा लगा हुआ था। रोशनी आती थी पर दिखलाई कुछ भी नहीं पड़ता था। ओह, शाम के समय आसमान देखने के लिए मैं कैसा छटपटाया करती थी। मन करता था काश, एक दिन...एक शाम पश्चिम की ओर की एक खिड़की खुल जाती तो जी

भरकर आसमान के उस रंग को...

सातू : रंग खोलिए।

कार्तिक : काला पान।

शशि : क्यों, कोई एतराज है?

कार्तिक : नहीं–नहीं, एतराज क्यों होगा? चलो हिमाद्रि।

लड़की : तीन साल बाद...तीन साल बाद फिर से आसमान देख पाई। वही पश्चिम वाली खिड़की थी। कब्जा टूट गया था, पल्ला नीचे झूल आया था...झूले! बरसात में छत से पानी चूता था।...चूए। बाबूजी को लकवा मार गया था, वे हर समय सोए रहते थे। घर की हालत बुरी थी फिर भी मुझे सब कुछ बड़ा अच्छा लगा था क्योंकि रंग बदलते आसमान को मैं देख सकती थी। उन बदलते रंगों के साथ न जाने कितने भाव मेरे मन में आते और जाते। मुझे लगता जैसे मैं नववधू हूँ...उसी सलज्ज सन्ध्या–सी मैं भी लजाई–सी आरक्त हो उठती। सोचती...काश! कोई राजकुमार मुझे देखता, मेरा वरण करता...

[अचानक चौंककर]

हे भगवान...देखा...मैं क्या–क्या अंड–बंड बक गई। यह कहानी थोड़े ही है। छि:...अच्छा तुम लोगों का खेल खत्म नहीं होगा? मैं तो जलकर राख होने को आई।

कार्तिक : *(अचानक जोर से)* यह लीजिए साहब, रंग का इक्का।

सातू : वाह–वाह, कार्तिक बाबू, यही तो चाहता था।

हिमाद्रि : चलो...गया...

[लड़की पर धीरे–धीरे अँधेरा हो जाता है।]

सातू : तेरह, सोलह, अट्ठारह, उन्नीस...

हिमाद्रि : गिनकर क्या कीजिएगा! वह तो जानी बात है।

सातू : उन्नीस...इक्कीस–काली झंडी।

शशि : *(हँसते हुए)* फिर हार गया न!

हिमाद्रि : हारिएगा नहीं? बिना सोचे–विचारे उन्नीस–बीस कॉल

दीजिएगा तो और क्या होगा?

शशि : इसे ही तो खेल कहते हैं। बहुत सोच-विचारकर खेलने से क्या खेल होता है?

सातू : हिमाद्रि बाबू, अपना गिलास खाली कीजिए।

हिमाद्रि : नहीं, मैं और नहीं लूँगा। आप लोग लीजिए।

सातू : अरे वाह! आपने तो पहली बार जरा-सी ली थी उतनी ही...

हिमाद्रि : उतनी ही काफी थी। मेरा काम हो गया।

सातू : आपका काम?

हिमाद्रि : *(उठकर)* मैं एक बार देख आऊँ।

[जल्दी से चला जाता है।]

सातू : *(आँख मारकर)* कार्तिक बाबू, उसका गिलास दीजिए तो...

[कार्तिक हँसते हुए गिलास बढ़ाता है। सातू उसमें थोड़ी और ढाल देता है। गिलास फिर से यथास्थान रख दिया जाता है।]

शशि : शुरू में थोड़ा नशा हुआ था। अब तो जैसे वह भी मिटा जा रहा है। क्यों, बतला सकते हैं?

सातू : मुझे भी वैसा ही लग रहा है।

कार्तिक : विलायती बोतल न होती तो कहता कि सालों ने पानी मिला दिया होगा।

सातू : हो सकता है, खेल में हम लोग मशगूल थे इसलिए ऐसा हुआ हो। थोड़ा रिलैक्स होकर पीए बिना नशा रंग नहीं लाता।

कार्तिक : चलिए, रिलैक्स होकर पीकर देखा जाए।
(टाँगें फैलाकर बैठता है) क्या कहते हैं-चीयर्स?

सातू : *(हँसकर)* तारा...तारा माँ...

शशि : आपको कल काम करने में तकलीफ न होगी? सारी रात जगने के बाद दिन-भर धूप में...

सातू : नहीं! शशि बाबू, इन सबकी आदत पड़ गई है। रात में ही सोना होगा, ऐसा मेरी जन्मपत्री में नहीं लिखा है। जब समय मिले, एक नींद ले सकता हूँ।

शशि : मतलब, नेपोलियन की तरह?

सातू : *(अट्टहास)* हाँ बिलकुल। बस, दिग्विजय नहीं हो पाई... क्या कहूँ!

कार्तिक : मुझे सुबह जरूर झपकी आएगी। डॉक्टर साहब की नजर न पड़े...यही भगवान से मनाता हूँ।

सातू : क्यों? किसी मुरदनी के सिलसिले में आप सारी रात जगे हैं, यह सुनकर...

कार्तिक : अरे सातू बाबू, आपका अपना कारबार है...आप क्या जानिए कि नौकरी में कितने बन्धन होते हैं!

सातू : हाँ, सो तो है! मैंने तो कभी नौकरी की नहीं...

कार्तिक : डॉक्टर साहब का कहना है कि नींद के झोंके में मैं ऊटपटाँग दवा देकर रोगी की जान ही ले लूँगा।

सातू : अच्छा कार्तिक बाबू, आप तो बहुत दिनों से इस काम में हैं न?

कार्तिक : हाँ...करीब छब्बीस साल हो रहे हैं।

सातू : आपसे कभी दवा देने में कोई भूल नहीं हुई?

कार्तिक : भूल? होगी क्यों नहीं? न जाने कितनी हुई है! पर हाँ, ऐसी भूल कभी नहीं हुई कि रोगी मर ही जाए। सच पूछिए तो, तेज जहर का तो बहुत काम पड़ता नहीं।

सातू : थोड़ा-बहुत पड़ता है?

कार्तिक : हाँ, सो क्यों नहीं! आपको किसी का सफाया करना होगा तो बतलाएगा।

सातू : *(अट्टहास)* नहीं साहब, अभी तक वैसी जरूरत कभी नहीं पड़ी।

शशि : मुझे पड़ती—यदि बीबी खुद ही रिहा न कर गई होती तो!

सातू : अच्छा, आपसे कभी किसी ने जहर माँगा है?

कार्तिक : *(दृढ़ स्वर में)* नहीं।

[लड़की पर रोशनी पड़ती है।]

सातू : कोई माँगता तो क्या करते?

कार्तिक : न देता।

लड़की : क्यों?

कार्तिक : खून-खराबे में मैं नहीं पड़ता।

सातू : नहीं-नहीं, कार्तिक बाबू...मैं खून की बात नहीं करता। मान लीजिए, कोई अपने लिए ही चाहता तो...?

कार्तिक : *(तनिक हँसकर)* तब भी न देता।

लड़की : हाँ। न देते। पर उसके बदले में कुछ और दे सकते? देते?

शशि : मान लीजिए...उसे बहुत ही जरूरत होती? जिन्दगी से मौत यदि उसके लिए अधिक अच्छी होती तो?

कार्तिक : जिन्दगी से मौत कभी अच्छी नहीं होती।

लड़की : नहीं होती?

शशि : यह आप क्या कहते हैं कार्तिक बाबू?

कार्तिक : ठीक ही कह रहा हूँ। मैं जो विश्वास करता हूँ, वही कहता हूँ।

शशि : यदि वह कुछ ऐसी तकलीफ भोग रहा होता...

कार्तिक : हाँ, तकलीफ दूर हो सकती है, यह मैं मानता हूँ। पर हम लोग जिन्दगी से मौत के अच्छी होने की बात कर रहे थे। जिन्दा रहने से अच्छा और कुछ भी नहीं है।

कार्तिक : मैं नहीं मानता।

लड़की : *(हँसकर)* आपको मानने को कौन कहता है? मैं तो अपने मानने की बात कह रहा हूँ। आप लोग चीयर्स कहते हैं, मैं तारा-तारा माँ कहता हूँ–इसमें किसी को क्या आपत्ति हो सकती है?

शशि : *(थोड़ा उत्तेजित होकर)* किन्तु मान लीजिए, किसी की जिन्दगी में इतनी तकलीफ हो कि उसके लिए जीने का...

कार्तिक : लोगों की तकलीफ कम करने का जिम्मा तो मैंने लिया नहीं है!

लड़की : और तकलीफ देने का? मालती की तरह तकलीफ देने का? क्या उसका जिम्मा तुमने किसी दिन नहीं लेना चाहा था?

शशि : जिम्मा है या नहीं, इसका निर्णय करनेवाला कौन है?

कार्तिक : खुद ही। निर्णय सही हो चाहे भूल, करनेवाला तो व्यक्ति खुद ही होता है।

सातू : आप लोगों ने तो जीवन-दर्शन की बातचीत शुरू कर दी।

शशि : *(हँसकर)* अरे भाई, यह श्मशान की महिमा है और ऊपर से श्मशान-काली का दिव्य प्रसाद! जीवन-दर्शन की बात हो, इसमें ताज्जुब क्या है!

सातू : तो हो न। थोड़ा ज्ञान-लाभ ही किया जाए। मेरी जिन्दगी तो भागदौड़ में ही बीती, कभी उस पर रुककर गौर करूँ, इस तक की फुरसत नहीं मिली।

कार्तिक : जीवन न सही, आपने मौत तो देखी है?

सातू : ऐं? मौत तो बराबर ही चारों ओर देखता रहता हूँ।

कार्तिक : इस तरह नहीं, खूब अच्छी तरह। देखी है?

लड़की : बोलो। बोलो न!

सातू : *(इधर-उधर करते हुए)* हाँ, शायद वह भी देखी है। कम-से-कम एक बार तो देखी ही है।

कार्तिक : उस समय, जीवन को नहीं देखा था?

सातू : *(धीरे-धीरे)* शायद...देखा था। हो सकता है कि आपकी बात ही ठीक हो। मौत को देखने पर ही शायद जिन्दगी को देखा जा सकता है।

लड़की : जिन्दगी-मौत। जीवन-मरण। किन्तु मरण में भी यदि जीवन न दिखे...न उभरे? यदि मरण केवल मरण ही रह जाए?

सातू : देखकर अच्छा नहीं लगा था।

कार्तिक : अच्छा लगने की बात तो नहीं हो रही है। बात केवल देखने की हो रही है।

शशि : क्यों, आपने ही कहा न कि जिन्दगी से अच्छी और कोई चीज नहीं है?

कार्तिक : हाँ, जरूर कहा है। अब भी कहता हूँ।

शशि : बात कुछ उलटी-पुलटी सी नहीं लग रही है?

कार्तिक : नहीं, उलटी-पुलटी क्यों होगी? अच्छा लगना और अच्छा होना क्या एक ही बात है?

सातू : कार्तिक बाबू, जाने दीजिए, आपका जीवन–दर्शन मुझे बड़ा भारी पड़ रहा है।

कार्तिक : *(हँसकर)* फिर भी आपने जीवन का कम–से–कम एक बार तो दर्शन किया ही है।

लड़की : जीवन? जीवन क्या है? कोई मुझे समझा सकता है? पगला घोड़ा? मारा चाबुक दौड़ा घोड़ा! छोड़ रास्ता खड़ी हो बीबी–आता है यह पगला घोड़ा। बीबी यदि रास्ता न छोड़े? यदि रास्ता छोड़कर न खड़ी हो? तो क्या उसके ऊपर से चले जाओगे?

सातू : दर्शन करके केवल इतना समझ में आया था कि जीवन का कोई सिर–पैर नहीं है।

लड़की : पगला घोड़ा! घोड़ा पगला गया है!

सातू : जीवन केवल मौत ला सकता है।

लड़की : बन्दूक से मार दिया है।

सातू : और किसी काम लायक नहीं है।

कार्तिक : अरे वाह, यह काम क्या कोई छोटा काम है?

लड़की : आल राइट, वेरी गुड?

शशि : *(चिढ़कर)* कार्तिक बाबू, आपने बहुत ज्यादा पी ली है। न जाने क्या–क्या कहे जा रहे हैं!

कार्तिक : वाह–वाह! यदि ज्यादा पी लेने से ही ये सब आलतू–फालतू बातें की जा सकती हों तो...

[गिलास उठाकर]

तारा...तारा माँ...

[एक बड़ा–सा घूँट लेता है।]

लड़की : *(रोती–सी आवाज में)* पगला घोड़ा! जरा मेरी ओर आओ न! पुकारकर कहो न कि–छोड़ रास्ता खड़ी हो बीबी। मैं क्या बीबी नहीं हूँ? मैं क्या बीबी नहीं हो सकती?...मैं क्या इस आग में जलते–जलते नहीं कह सकूँगी कि...पगला घोड़ा... आल राइट...वेरी गुड?

[लड़की अन्धकार में खो जाती है। बाद की बातें अँधेरे में ही उसकी रुलाई में डूब-सी जाती हैं।]

सातू : *(जरा देर बाद)* क्या हुआ? सब लोग अचानक एकदम चुप हो गए?

कार्तिक : सोच रहा हूँ।

सातू : क्या सोच रहे हैं? जीवन-मरण की बात?

कार्तिक : हाँ भी और नहीं भी।

सातू : मतलब?

कार्तिक : अभी फिलहाल इस लड़की की बात सोच रहा था।

सातू : इस लड़की...ओ, माने इस लड़की की?

कार्तिक : हाँ।

सातू : इस लड़की का किस्सा किसी तरह पूरा नहीं हो पा रहा है।

कार्तिक : कहाँ तक सुन चुके हैं।

सातू : वह भी तो ठीक से याद नहीं। बाप को लकवा मार गया–शायद यहीं तक तो सुना था।

कार्तिक : हाँ, वह आज चार साल से लकवा में पड़ा है। लड़की के ससुराल जाने के कुछ दिन बाद ही लकवा मार गया था।

सातू : *(अवाक् होकर)* ससुराल? लड़की की शादी हो चुकी थी?

कार्तिक : बाकायदा मंत्रपाठ वगैरह करके साबित दस्तूर सब हुआ था।

सातू : तो वह विधवा...?

कार्तिक : ना।

[आवेगहीन व्यंग्य]

विधवा क्यों होगी? सधवा...सधवा।

सातू : पर...सिन्दूर-विन्दूर तो कुछ नहीं देखा? सधवा के मरने पर तो उसे सिन्दूर से रँग देते हैं...

कार्तिक : उसे कौन रँगता? और रंग देने से ही क्या होता?

सातू : उसके पति कहाँ हैं?

कार्तिक : पति? हाँ, मंत्र पढ़कर ब्याह हुआ था तो पति तो है ही। आज कहाँ है, नहीं मालूम। किसी पागलखाने में भी हो सकता है–

घर में भी ताले–चाभी में बन्द हो सकता है। बहुत बड़ा मकान है, कोई परेशानी न होती होगी।

सातू : आइ सी।

कार्तिक : उनके घर एक ज्योतिषी आया करता था–सच पूछो तो उसकी परवरिश उन्हीं के यहाँ से होती थी। उसी ने गणना करके बताया था, ब्याह हो जाने से लड़का ठीक हो जाएगा। ब्याह के दिन तक लड़के का पता था, पर उसके बाद वह न जाने कहाँ गायब हो गया–लड़की ने उसे देखा ही नहीं। सुहागरात के दिन भी वह लापता था।

शशि : *(अचानक)* अच्छा, उस ज्योतिषी की नौकरी अभी भी बनी है?

कार्तिक : हाँ, शायद। अरे भाई, उसने कह दिया कि लड़की कुलक्षणी है तो वह क्या करे? बात खत्म। अब शायद दूसरी सुलक्षणी ढूँढ़ रहा होगा।

शशि : आपको इतनी सब बातें कहाँ से पता चलीं?

कार्तिक : हमारे डॉक्टरखाने में जितने मरीज आते हैं न, उनमें बकबक करने की बामारी सभी को होती है।

शशि : उसके बाद क्या हुआ?

कार्तिक : तीन साल तक ससुराल में कैद रहने के बाद एक दिन रात में वह भाग आई। ससुराल में मिले गहने को देकर उसने एक दरबान को पटा रखा था। उसी ने सब इन्तजाम करके उसे यहाँ पहुँचा दिया। वह दरबान अब रिटायर करके जमीन–जायदाद की देखभाल करता है। गहना कम नहीं था। जो उसने पहले नहीं दिया था, वह भी रात के समय गाँव के पास आने पर दरबान ने छीन लिया। इनाम के तौर पर और क्या?

सातू : बड़ा होशियार आदमी था! फिर?

कार्तिक : यहाँ आकर लड़की ने देखा, बाप खाट पकड़े है, मकान की हालत खस्ता हो चुकी है। खाने–पीने का जुगाड़ यदि हो जाता है तो वह मलिक बाबू की दया से।

सातू : ओ! इतनी देर के बाद मलिक बाबू का प्रवेश होता है। वही

रहस्य की बात का।

कार्तिक : हाँ, वही रहस्य। मलिक बाबू ने इसी आशा में बुड्ढे को जिलाए रखा था कि कौन जाने किसी दिन लड़की लौटे ही...! खर्च ज्यादा तो नहीं था, पोसा जाता था।

[लड़की का प्रवेश]

सातू : अब समझ में आ गया...ज्यादा कहने की जरूरत नहीं है। पर वह मरी कैसे? एबॉर्शन था क्या?

[कार्तिक कर्कश स्वर में हँस पड़ता है।]

कार्तिक : वैसा होता तो भी कहता अच्छा हुआ! समझ में आता कि हाँ, मरने की कोई सार्थकता हुई!

लड़की : चुप रहो। चुप रहो...बस करो...एकदम चुप!

सातू : माने?

कार्तिक : मलिक में वह सामर्थ्य ही नहीं है। रुपए खर्च करके भी नहीं रख सका। उसे लड़कियों की जरूरत खाली हल्के-से मन-बहलाव के लिए थी।

लड़की : *(दोनों हाथ से कान ढककर)* चुप करो...

[हिमाद्रि लौटता है।]

हिमाद्रि : बस घंटा-भर और लगेगा।

[सब चुप रहते हैं। हिमाद्रि बैठता है।]

कार्तिक : तारा...तारा माँ!

लड़की : घंटा-भर और। बस...एक घंटा और। पगला घोड़ा-क्या एक बार भी मेरी ओर देखने की फुरसत तुम्हें नहीं मिलेगी? मैं क्या मालती नहीं हूँ? मिलि नहीं हूँ? लछमी नहीं हूँ?

[साथ ही साथ कुत्ता जोर से रो उठता है। सातू चौंककर एकदम से उछल पड़ता है। गिलास की शराब छलक पड़ती है।]

सातू : कौन?

हिमाद्रि : कुत्ता फिर आ गया है।

सातू : ऐं...हाँ...हाँ...कुत्ता फिर आ गया है।

[सातू का हाथ काँप रहा है। लड़की उसकी ओर देख रही है।]

लड़की : *(फुसफुसाकर)* लछमी!

कार्तिक : *(हँसकर)* कुत्ते का रोना आपको बहुत नापसन्द है!

सातू : *(लज्जित हँसी)* नहीं–माने इसका चीखना मुझे...एकदम...

लड़की : *(फुसफुसाकर)* लछमी।

[सिर पर हाथ फेरकर सातू बैठता है। गिलास में शराब ढालता है।]

सातू : *(अचानक)* कुत्ते जैसा नमकहराम कोई दूसरा जीव नहीं होता।

कार्तिक : यह आप क्या कह रहे हैं? लोग तो उलटी बात कहते हैं।

सातू : लोग खाक जानते हैं। एक कुत्ता था...रोज हमारे यहाँ–माने मेरे यहाँ...आता था। दोनों वक्त उसे खाना देता था...

लड़की : तुम खाना देते थे? तुम देते थे?

सातू : मतलब जो भी रहता था, दे दिया जाता था। ऐसे ही था बाजारू, किसी खास जात-वात का नहीं था। पर बस, उससे मोह हो गया था और क्या!

लड़की : मोह हो गया था? तुम्हें?

सातू : सो ऐसा नमकहराम निकला कि पूछिए मत। दो साल बाद मिला तो उसने पहचाना ही नहीं। उलटे काटने दौड़ा।

शशि : वाह, सातू बाबू! कुत्ते के साथ दो साल बाद मुलाकात होना, उसका पहचान न पाना।

सातू : *(लज्जित हँसी)* नहीं...लोग कहते हैं न कुत्ता बहुत दिनों तक पहचानता रहता है इसीलिए...

लड़की : तुम गलत कह रहे हो। वह तुम्हें ठीक पहचानता था। एकदम ठीक पहचानता था। नहीं?

सातू : *(बदन झकझोकर, बनावटी फुर्ती से)* क्यों, एक बाजी ट्वेंटी

नाइन और होगी?

शशि : नहीं, ताश में अब मन नहीं लग रहा है।

सातू : तो कोई बढ़िया-सी मजेदार प्रेम-कहानी छेड़िए न?

लड़की : हाँ...हाँ...वही करो।

कार्तिक : प्रेम-कहानी यहाँ कौन छेड़ेगा?

सातू : हिमाद्रि बाबू, आपकी ही तो इस सबके लायक उम्र है। शुरू कीजिए न।

हिमाद्रि : उम्र से क्या होता है सातू बाबू! शशि दा ने कहा न कि बंगाली लड़कों में प्रेम करने की सामर्थ्य ही नहीं होती।

शशि : अरे भाई, तो तुम मेरी बात को झूठी ही साबित कर दो, मुझे कोई आपत्ति नहीं है।

हिमाद्रि : सो कैसे कर सकता हूँ? आप गुरुजन ठहरे!

शशि : क्या कहना है गुरु-भक्ति का!

हिमाद्रि : फिर बात झूठी भी तो नहीं है।

सातू : ओफ्फोह...न हो तो गढ़कर ही कोई किस्सा सुना डालिए।

कार्तिक : *(अचानक)* ऐ, गढ़कर किस्सा सुनाने से चलेगा? तब तो मैं भी चांस ले सकता हूँ।

सातू : लीजिए न...सब सुनने को तैयार बैठे हैं।

कार्तिक : *(जरा देर सोचकर)* बहुत दिनों पहले एक कहानी सुनी थी–जिसने सुनाई थी वह सच्ची बात कह रहा था या गढ़कर, मुझे पता नहीं। वैसे उसने अपनी ओर से इसे सच्ची घटना ही कहा था।

सातू : सच-झूठ बाद में तै कर लेंगे। आप सुनाइए न।

लड़की : तुम्हारी भी कोई कहानी है? सच? मुझे तो नहीं पता? बतला सकते हो, क्यों?...तुम्हारा किस्सा मुझे एकदम नहीं मालूम।

कार्तिक : कहानी सुनी थी एक मोची से।

सातू : मोची से?

कार्तिक : हाँ। क्यों, मोची प्रेम नहीं कर सकता?

सातू : नहीं...नहीं...। कर क्यों नहीं सकता? अलबत्ता कर सकता है।

शशि : हम लोगों के मिनमिन-मिनमिन भद्र प्रेम से तो मोची का प्रेम ही कहीं जोरदार रहा होगा। क्यों कार्तिक बाबू?

कार्तिक : यदि आप ऐसा मान बैठे हैं तब तो आपको निराश होना पड़ेगा।

सातू : आप सुनाइए न।

कार्तिक : एक बहुत बड़े मकान के सामने बैठकर मोची रोज जूता सिला करता था। मकान के बहुतेरे लोग आया-जाया करते थे...जूते की मरम्मत भी करवाते थे। मोची रोज ही हर तरह के लोगों को देखा करता था।

लड़की : यह क्या तुम्हारी कहानी है? तुम्हारी कहानी है?

कार्तिक : उन्हीं आने-जानेवालों में एक दस-बारह साल की लड़की भी थी...बराबर आया करती थी। कभी-कभी जूता भी सिलवाती थी...एकाध बातचीत भी करती थी...फिर चली जाती थी। जितने लोग आते थे उनमें इस लड़की को ही...माने इस लड़की का ही वह इन्तजार किया करता था।

सातू : जरा रुकिए तो। आपके उस मोची की उम्र क्या रही होगी?

कार्तिक : *(हँसकर)* उम्र काफी थी। चालीस-पचास रही होगी।

शशि : ओ...तो वात्सल्य प्रेम था?

कार्तिक : प्रेम था भी या नहीं, इसका फैसला तो हो लेने दो! तुम तो पहले से ही वात्सल्य-वात्सल्य करने लगे।

सातू : हाँ-हाँ, सुनाइए।

कार्तिक : इसी तरह दिन बीतने लगे। महीने और साल भी बीत चले। बाद में काफी-काफी दिन बाद लड़की आती। और आती भी तो मोची की ओर खास ध्यान न देती। मोची की बड़ी इच्छा करती कि पुकारकर उससे दो बातें करे, पर साहस नहीं कर पाता था।

हिमाद्रि : क्यों, साहस क्यों नहीं कर पाता था?

कार्तिक : अरे भाई, इस बीच सालों गुजर गए थे। लड़की पहले जैसी बच्ची थोड़े ही रह गई थी।

शशि : तो उससे क्या हुआ? बात करने में किसी को क्या एतराज

हो सकता है?

कार्तिक : यही तो असल बात है। किसी के एतराज की बात न होते हुए भी मोची को साहस नहीं होता था। इसका मतलब क्या हुआ?

हिमाद्रि : आपके कहने का मतलब यह कि उसके अपने मन में...

कार्तिक : हाँ...हिमाद्रि, हाँ। उसके मन में क्या था, इसे वह खूब अच्छी तरह जानता था। जितना ही समय गुजरता जाता था, उतना ही वह इस बात को और अच्छी तरह समझता जाता था। चौबीसों घंटे वह लड़की ही उसके दिमाग में घूमती रहती थी...उठते-बैठते, सोते-जागते, हर समय। असल में उस मोची के माँ-बाप, भाई-बहन, घर-परिवार कुछ भी नहीं था। बेचारा एकदम अकेला था। बाहर से जैसा अकेला था वैसा ही सूना उसका मन था। सो उस सूने मन में उस लड़की ने अच्छी तरह डेरा जमा लिया था।

सातू : मतलब खाली घर पाकर पूरे पर अधिकार जमा लिया!

कार्तिक : अधिकार जैसा अधिकार। साल पर साल बीतते गए-उसका ऐसा एकच्छत्र राज्य रहा कि और कोई पास ही न फटक पाया। पर उससे क्या हुआ! भरा होते हुए भी मोची का मन खाली ही रह गया। उससे बातचीत तक होने का हिसाब नहीं था, और कुछ की तो बात ही क्या! उस बेचारे पर क्या गुजरती रही होगी, समझ सकते हैं?

सातू : तो फिर उसने मन को जबरन दूसरी ओर लगाने की कोशिश क्यों नहीं की?

कार्तिक : बुद्धू था बूद्धू! यार-दोस्तों को जुटाकर हो-हल्ला कर सकता था, इधर-उधर मौज-मस्ती ले सकता था, पर ना...उसने तो उस लड़की के नाम पर कसम खा रखी थी न, सो उसी की याद में डूबा रहता।

सातू : क्यों?

लड़की : यह किसकी कहानी है? मुझे तो कुछ भी याद नहीं पड़ता।

कार्तिक : क्यों? बात सीधी-सी है, फिर भी समझना आसान नहीं।

लड़की की याद उसे बेचैन अवश्य करती थी पर उस बेचैनी के साथ उसे कुछ और भी दे जाती थी जिसकी कीमत बेचैनी से कहीं अधिक थी।

लड़की : उसका मन भर देती थी न? उसके सूने मन को भर देती थी न, मैं समझ रही हूँ। जानती नहीं पर समझ रही हूँ।

हिमाद्रि : समझा।

कार्तिक : समझे?

लड़की : पच्छिम की खिड़की से दिखनेवाला वह सतरंगा आकाश... कितना बेचैन कर देता था...न जाने कितना! कुछ पाने को मन को व्याकुल कर देता था, कितनी तकलीफ देता था फिर भी मन कैसा भर देता था। आज भी भर देता है इसीलिए उसके लिए इतनी बेचैन रहती हूँ।

सातू : इसके बाद?

कार्तिक : इसके बाद अचानक लड़की का आना बन्द हो गया। बहुत दिनों तक आसरा देखने के बाद उसने बड़ी सावधानी से उसकी खोज-खबर लेनी शुरू की। जो डर था, वही निकला।

शशि : लड़की की शादी हो गई?

कार्तिक : हाँ। हम बंगालियों के घिसे-पिटे, सड़े प्रेम की ट्रेजेडी।

हिमाद्रि : किस्सा पूरा हो गया?

कार्तिक : ना, अभी और है। पर आगे की घटना सच्ची है या मोची की अपनी कल्पना, कह नहीं सकता। उसके कहे अनुसार लड़की ब्याह करके सुखी नहीं थी। उसके पति के साथ उसका कोई सम्बन्ध ही नहीं था।

सातू : क्यों?

कार्तिक : क्या पता? जरूर कोई बात रही होगी। हम लोगों के यहाँ तो ऐसा अक्सर ही होता रहा है। इसी लड़की का किस्सा लीजिए न।

लड़की : पर मेरे साथ तो ऐसा नहीं हुआ था-मैंने तो किसी का खाली मन नहीं भरा।

हिमाद्रि : क्यों?

कार्तिक : इसके बाद का किस्सा ठीक से याद नहीं है–लड़की विधवा हो गई या ससुरालवालों ने निकाल दिया या वह खुद ही भाग आई, याद नहीं।...कहानी बहुत दिनों पहले सुनी थी न, इसलिए भूल रहा हूँ। सीधी बात यह है कि कई साल बाद एक बार मोची के साथ उसकी फिर भेंट हुई...भेंट हुई माने मोची ने उसे देखा।

सातू : अब किस्सा रंग लाएगा।

कार्तिक : *(हँसकर)* नहीं सातू बाबू, रंग लाने लायक इसमें कुछ नहीं है। वह तो जैसे पहले उसे देखा करता था, वैसे ही अब भी देखता रहा। हाँ, इतना उसे जरूर समझ में आया कि इन सालों में तनिक भी दूर जाने की कौन कहे, यह लड़की उसके मन में और गहरे उतर गई है।

[कार्तिक रुकता है।]

सातू : क्या हुआ? रुक क्यों गए?

कार्तिक : इसके बाद क्या हुआ, मुझे नहीं मालूम। उस मोची से फिर मुलाकात ही नहीं हुई।

हिमाद्रि : वाह कार्तिक दा, ऐसी जगह पर किस्से को लाकर कहीं छोड़ा जाता है!

कार्तिक : हाँ, इस किस्से को शुरू ही नहीं करना चाहिए था। नशे की झोंक में लगा था कि खूब जमेगा। पर अब लगता है कि किस्से में कुछ दम नहीं है।

लड़की : कौन कहता है दम नहीं है? दम है। बड़ी सुन्दर कहानी है।

कार्तिक : *(गिलास बढ़ाते हुए)* क्यों जनाब! तारा...तारा माँ...!

[सातू ढालता है।]

इतनी देर बाद अब नशा कुछ जम रहा है।

सातू : हाँ, मेरा भी।

[हिमाद्रि उठकर खड़ा होता है।]

बाहर जा रहे हैं क्या?

हिमाद्रि : ना।

[खिड़की के पास जाकर खड़ा होता है।]

लड़की : मिलि की बात सोच रहे हो?

शशि : कार्तिक दा बड़ी फालतू बातें करते हैं।

[स्पष्ट है कि नशे में होने पर शशि झगड़ालू हो उठता है। कार्तिक सातू की ओर देखकर आँख मारकर हँसता है।]

कार्तिक : मैंने कौन-सी बात फालतू की?

शशि : *(शिकायत के स्वर में)* खाली मन भरा है। मन नहीं भरा है–घंटा।

कार्तिक : प्रेम-कहानी सुनकर आपका मिजाज गरम हो गया है?

शशि : प्रेम-कहानी? वह प्रेम था?

कार्तिक : और नहीं तो क्या?

सातू : अच्छा। पहले यह बतलाइए कि प्रेम होता क्या है?

लड़की : *(हिमाद्रि से)* तुम बतला दो न! मिलि की कहानी! इन लोगों से कह दो न!

हिमाद्रि : *(बिना मुड़े)* प्रेम! प्रेम वह है जो आकाश-पाताल के कुलाबे मिलवाता है, बेचैन करता है, तकलीफ देता है, फिर कुछ ऐसा उलटा-पलटा काम करवाता है कि सब कुछ जलकर राख हो जाता है।

लड़की : केवल जलाता है? जुड़ाता नहीं?

[कार्तिक हो-हो करके हँस पड़ता है और मोटे बेसुरे स्वर में गा उठता है–]

कार्तिक : "कहीं जानता पहले ही सखि, ज्वाला इतनी प्रेम में..."

लड़की : प्रेम में केवल ज्वाला है? केवल ज्वाला? और कुछ नहीं है?

[सब चुप रहते हैं। तीनों आराम में बैठे झूम रहे हैं। हिमाद्रि अचानक फिरकर अपने गिलास से एक घूँट पीता है। उसका मुँह विकृत हो उठता है। और लोग

उस ओर ध्यान नहीं देते।]

तुम शराब पी रहे हो। जीवन में पहली बार तुमने आज शराब पी है। याद है, जिस दिन तुमने पहली बार मिलि को...

हिमाद्रि : *(विह्वल स्वर में)* मिलि...

[लड़की मिलि बनकर खड़ी होती है। हिमाद्रि धीरे-धीरे उसके पास आता है।]

हिमाद्रि : मिलि!

मिलि : क्या है?

[हिमाद्रि और पास आता है। मिलि को ध्यान से देखता है मानो कुछ जानना चाह रहा हो। मिलि की आँखों में भय है।]

क्या बात है हिमाद्रि? बोलो!

हिमाद्रि : तुम कहाँ गई थीं।

मिलि : डॉली के घर। क्यों?

हिमाद्रि : बड़ी रात हो गई है न?

मिलि : बड़ी रात? माने?

हिमाद्रि : बारह बज रहा है। तुम्हारे मम्मी-डैडी सब सो चुके हैं।

मिलि : *(बनावटी स्वाभाविकता से)* अच्छा? तो क्या हुआ? मैं तो खाकर आई हूँ। मैं कह ही गई थी कि मुझे देरी होगी। डॉली की बर्थ-डे पार्टी थी न!

हिमाद्रि : ओ! पार्टी थी।

मिलि : *(हल्की हँसी)* पार्टी मतलब, दो-चार घनिष्ठ इष्ट-मित्र थे।...तुम अभी तक जग रहे हो?

[मिलि आँचल से मुँह ढँककर बातें कर रही है।]

हिमाद्रि : मैं पढ़ रहा था।

मिलि : ओ! अच्छा गुडनाइट। चलूँ सो जाऊँ, बड़ी नींद आ रही है।

[जाने लगती है।]

हिमाद्रि : मिलि, सुनो।

मिलि : *(वहीं रुककर)* क्या?

हिमाद्रि : इधर आओ जरा।

[मिलि धीरे-धीरे पास आती है।]

क्या बात है, बोलो तो?

मिलि : क्यों? क्या हुआ?

हिमाद्रि : जानती हो, घर में सब लोग सो गए हैं?

मिलि : हाँ, तो क्या हुआ?

हिमाद्रि : *(जरा हँसकर)* ऐसे समय तुम मुझसे गुडनाइट करके इस तरह भागी जा रही हो...इससे ताज्जुब हो रहा है।

मिलि : *(सिर नीचा करके)* मैं बहुत थक गई हूँ। मैं...

[हिमाद्रि हठात् मिलि का मुँह दोनों हाथों से पकड़कर ऊपर करता है। मिलि के मुँह छुड़ाने से पहले ही हिमाद्रि झुककर लम्बी साँस लेता है और फिर चौंककर पीछे हट जाता है। मिलि डर जाती है।]

हिमाद्रि : मिलि-मिलि-तुमने शराब पी है?

मिलि : किसने कहा?

हिमाद्रि : इसी डर से भाग रही थीं?

मिलि : हिमाद्रि...मैं...पार्टी में...जरा-सी न लेती तो बड़ी अभद्रता होती...

हिमाद्रि : अभद्रता? शराब न पीना अभद्रता है?

मिलि : इसे शराब पीना नहीं कहते हिमाद्रि! डॉली के ऑनर में एकाध ड्रिंक ले लेना...न लेने से डॉली...

[हिमाद्रि केवल देखता रहता है। मिलि डर के मारे बेचैन हो जाती है।]

मैं नहीं जाना चाह रही थी...मैंने बहुत ना किया...पर वे लोग...जबर्दस्ती मुझे...

हिमाद्रि : जबर्दस्ती तुम्हें...?

मिलि : अक्सर ही इस तरह जबर्दस्ती करते हैं...माने न पीने से ऐसी

आफेंस मानते हैं कि...हिमाद्रि...प्लीज...तुम...

[हिमाद्रि घूम जाता है। मिलि उसे जबर्दस्ती अपनी ओर घुमाती है। दोनों हाथों से उसे कसकर पकड़कर वह बच्चों की तरह अनुनय करती है।]

मैं अब फिर कभी नहीं पीऊँगी...कभी नहीं...गॉड प्रॉमिस हिमाद्रि...गॉड प्रॉमिस।

[बहुत जोर से बोल गई थी–फिर सम्हलकर धीरे से]

कभी भी नहीं...हिमाद्रि...प्लीज, तुम गुस्सा मत हो हिमाद्रि... प्लीज।

हिमाद्रि : *(शान्त स्वर में)* मेरे गुस्सा होने, न होने से क्या आता-जाता है मिलि? तुम्हारी सोसाइटी में जो करना जरूरी है, उसे तुम मेरी खातिर क्यों...

मिलि : *(करुण स्वर में)* हिमाद्रि, ऐसा मत कहो। तुम जानते हो कि ऐसा कहने के बजाय यदि तुम मेरे गाल पर दो चाँटे मारो तो मेरे लिए ज्यादा अच्छा हो...

हिमाद्रि : *(अचानक, जिज्ञासा के स्वर में)* मिलि, तुम्हारी ऐसी बातें सुनकर तो लगता है कि तुम मेरे तनिक से गुस्से से भी बहुत-बहुत डरती हो। पर...

मिलि : सच...मैं बहुत डरती हूँ...

हिमाद्रि : पर पार्टी में, अपनी सोसाइटी में तुम्हें मेरी बात एकदम भूल जाती है? कुछ भी याद नहीं रहता...

मिलि : कौन कहता है?

हिमाद्रि : उस समय तुम मेरे अच्छा या बुरा लगने की रत्ती-भर भी परवाह नहीं करतीं। तुम्हारी नजरों में उसकी कानी कौड़ी भी कीमत नहीं होती। मानो तुम्हारे जीवन में मेरा कोई अस्तित्व ही न हो!

मिलि : *(हिमाद्रि के मुँह पर हाथ रखते हुए)* नहीं...ऐसा मत कहो। तुम नहीं जानते...तुम मेरे लिए क्या हो!...तुम समझ नहीं पा रहे हो...तुम्हें जानने के बाद से मेरी इतने दिनों की जिन्दगी-

यह टेनिस, स्विमिंग, ड्राइविंग, पार्टी, पिकनिक...यह सब...

हिमाद्रि : किन्तु तुम यही सब तो चाहती हो मिलि! इसीलिए आज पार्टी में जाकर ड्रिंक किए बिना तुमसे नहीं रहा गया...

मिलि : मैं तुम्हें कैसे समझाऊँ हिमाद्रि! मुझे थोड़ा समय दो...लगता है...पता नहीं...आज मुझे कुछ नहीं समझ में आ रहा है...कल शाम को तुम्हारे साथ बाहर चलूँगी...नाराज मत हो हिमाद्रि... तभी...तभी सब कुछ समझाकर कहने की कोशिश करूँगी। चलोगे न? बोलो, चलोगे न?

[हिमाद्रि चुप रहता है।]

बोलो न, चलोगे तो?

हिमाद्रि : ठीक है, चलूँगा।

मिलि : हिमाद्रि...गुस्सा मत हो...प्लीज। तुम गुस्सा रहोगे तो मैं सो नहीं पाऊँगी। कल दिन-भर मुझे एक पल के लिए भी चैन नहीं मिलेगा। बोलो...

हिमाद्रि : तुम भी मुझे कुछ समय दो मिलि। इतनी जल्दी मैं भी कुछ नहीं कह सकता।

[मिलि धीरे-धीरे हाथ छोड़ देती है।]

मिलि : अच्छा...अच्छा। कल शाम को चलोगे न?

हिमाद्रि : हाँ।

[मिलि दोनों हाथ उठाकर हिमाद्रि की ओर बढ़ती है, फिर रुककर दो कदम पीछे हटकर, मुड़कर जल्दी से चली जाती है।]

सातू : *(रुँधे स्वर में)* ना...यह ज्वाला...

[रुक जाता है।]

कार्तिक : *(जरा देर बोलने की प्रतीक्षा करके)* काहे की ज्वाला?

सातू : यही, आप लोगों के प्रेम की।

कार्तिक : *(फिर रुककर)* क्यों, क्या हुआ?

सातू : यह ज्वाला आती कहाँ से है?

शशि : जिन लोगों ने प्रेम किया है उनकी बेवकूफियों से।

सातू : *(सोचकर)* मतलब–प्रेम बेवकूफ लोग ही करते हैं?

शशि : नहीं...प्रेम करके लोग बेवकूफ बन जाते हैं।

सातू : *(सोचकर)* आइ सी!

[हिमाद्रि इस बीच लौटकर अपना गिलास खाली कर चुका है। और ढालता है। गिलास को देखता रहता है।]

शशि : हँह, आइ सी!

सातू : *(सोचकर)* क्यों, क्या हुआ?

शशि : आप कभी प्रेम में पड़े भी हैं जो सी कीजिएगा?

सातू : *(सोचकर)* ना, सो नहीं पड़ा।

[जरा देर बाद]

पर...लछमी...उसका किस्सा...

कार्तिक : लछमी?

शशि : लछमी कौन है?

सातू : एक लड़की। *(जरा रुककर)* मर गई।

शशि : चलो बला टली!

कार्तिक : आह...शशि बाबू...

[शशि चुप रहता है। सातू भी कुछ नहीं कहता। हिमाद्रि अचानक अपने-आप ही खी-खी करके हँसने लगता है।]

तुम्हें क्या हुआ, हिमाद्रि?

हिमाद्रि : देखिए, कैसे प्रेम से पी रहा हूँ–बिना पानी मिलाए नीट शराब...क्या है व्हिस्की?

कार्तिक : हाँ।

हिमाद्रि : अच्छा, शराब पीने में क्या बुराई है?

कार्तिक : यह सवाल पूछने के लिए तुम्हें और कोई नहीं, मैं ही मिला भैया?

[लड़की पर रोशनी पड़ती है।]

हिमाद्रि : पर ज्यादा पीना ठीक नहीं है।

[हिमाद्रि की आँखें कहीं बहुत दूर लगी हैं। धीरे-धीरे गिलास नीचे रखता है।]

कार्तिक : क्यों?

हिमाद्रि : ज्यादा पी लेने पर टहलना चाहिए।

शशि : टहलना चाहिए?

लड़की : आखिरी दिन की बात याद आ रही है? आखिरी दिन की?

हिमाद्रि : गाड़ी नहीं चलानी चाहिए।

शशि : गाड़ी नहीं चलानी चाहिए?

कार्तिक : ओ! तो फिर मुझे कोई चिन्ता नहीं है। गाड़ी है नहीं सो...

[निश्चिन्त भाव से चुस्की लेता है।]

हिमाद्रि : *(बड़बड़ाते हुए)* ऐसा नहीं होगा! ऐसा नहीं हो सकता।

[कोई ध्यान नहीं देता। लड़की मिलि हो जाती है। आँखें सूनी हैं। हिमाद्रि पास आता है।]

ऐसा नहीं होता मिलि! ऐसा नहीं हो सकता। दो सालों से बहुत बार बहुत तरह से कोशिश करके देख चुका हूँ...यह होनेवाला नहीं है।

मिलि : *(सूने भाव से)* मैं तुम्हें एकदम अच्छी नहीं लगती!

हिमाद्रि : नहीं, मिलि, नहीं। तुम जानती हो यह बात नहीं। मैंने चेष्टा करने में कुछ भी नहीं उठा रखा...

मिलि : चेष्टा? हाँ, तुमने चेष्टा की है पर मुझे एकदम बदल देने की...अपने समाज, अपने जीवन में एकदम मुझे मिला देने की, उसमें एकदम ढाल देने की। इसमें तनिक-सा इधर-उधर होने पर तुमने मुझे दूर कर दिया।

हिमाद्रि : मिलि!

मिलि : कुत्ते की तरह मुझे दुरदुरा दिया। कुत्ते की ही तरह मैंने फिर से तुम्हारे पास आने की चेष्टा की...बार-बार...मैंने तुमसे भीख माँगी...पर तुमने एक बार भी मेरे जीवन, मेरी

परिस्थितियों को समझने की चेष्टा नहीं की।

हिमाद्रि : नहीं की?

मिलि : कब की? तुमने मेरी कोई भी बात नहीं सही, किसी भी बात के लिए मुझे माफ नहीं किया। क्यों करोगे? तुमने तो कभी मुझे प्यार नहीं किया...

हिमाद्रि : यह झूठ है मिलि, तुम जानती हो। तुम्हारे और मेरे जीवन, रहन-रहन में इतना बड़ा अन्तर है कि...

मिलि : जीवन...रहन-सहन...अन्तर...तुम्हारे लिए तुम्हारा जीवन और रहन-सहन ही सब कुछ है। मैं कुछ नहीं हूँ। तुम्हें मेरी कोई जरूरत नहीं है।

हिमाद्रि : *(जरा रुककर)* तुम जब कुछ समझना ही नहीं चाहती, तो मैं चलूँ।

मिलि : *(बिजली की तरह खड़ी होकर)* कहाँ जाओगे?

हिमाद्रि : तुमसे मतलब!

मिलि : नहीं। तुम कहीं नहीं जाओगे। मैं तुम्हें नहीं जाने दूँगी।

हिमाद्रि : *(अपमानित होकर)* मिस राय, आपके डैडी की नौकरी से मैंने इस्तीफा दे दिया है। मेरा सूटकेस बाहर के कमरे में रखा है। आपके साथ शायद फिर मुलाकात न हो। आप लोगों ने मुझ पर जो कृपा की, उसके लिए आभारी हूँ। धन्यवाद! नमस्कार!

[हर बात हथौड़े की चोट की तरह मिलि को पीड़ा पहुँचाती है। हिमाद्रि जाने को घूमता है। मिलि दोनों हाथ से सिर पकड़कर चलने की कोशिश करती है। हठात् रुककर–]

मिलि : हिमाद्रि!

हिमाद्रि : बोलिए, मिस राय!

मिलि : *(कष्ट को छिपाते हुए)* तुम जानते हो कि मैं तुम्हारे घर जाऊँगी...तुम जानते हो कि मैं फिर से...

हिमाद्रि : उससे कोई लाभ न होगा। बार-बार मुझसे यह सब नहीं सहा

जाता। इसलिए इस बार मन एकदम पक्का कर लिया है। दूसरा इन्तजाम भी कर रखा है।

मिलि : *(डरी-सी)* क्या मलतब?

हिमाद्रि : मतलब, मेरे घर जाने से कोई लाभ न होगा। मैंने मकान बदल दिया है। वह जगह तुम्हें खोजे भी न मिलेगी।

मिलि : क्या तुम हमेशा के लिए मुझे अपने से दूर कर देना चाहते हो?

हिमाद्रि : नहीं, मैं खुद दूर चला जा रहा हूँ।

मिलि : हाँ, जाओ। तुम्हें क्या! तुम्हारी जिन्दगी खूब मजे में कटेगी! तुम्हारी अपनी दुनिया है।

हिमाद्रि : तुम्हारी भी तो अपनी अलग दुनिया है!

मिलि : नहीं, मेरी अब कोई दुनिया नहीं है। तुम्हारी दुनिया को मैं पूरी तरह नहीं स्वीकार कर सकी, यह सही है, पर अपनी दुनिया मैंने खो दी है। वैसे तुम्हें इससे क्या फर्क पड़ता है!

हिमाद्रि : *(जरा रुककर)* मैं चलूँ।

मिलि : हिमाद्रि, अपना पता दे जाओ।

हिमाद्रि : ना।

मिलि : मैं वहाँ जाऊँगी नहीं। मैं तुम्हें वचन देती हूँ कि पूरी तरह तुम्हारे अनुरूप अपने-आपको ढाले बिना, मैं वहाँ नहीं जाऊँगी।... बस, तुम अपना पता बता जाओ।

हिमाद्रि : नहीं। चलूँ...

मिलि : हिमाद्रि! *(हिमाद्रि उसकी ओर देखता नहीं। गला दबाकर उन्मत्त से स्वर में-)* ठीक है, तुम यदि मुझे पता दिए बिना ही चले जाओगे तो मैं व्हिस्की मँगाकर पीयूँगी-पीयूँगी और पीती ही रहूँगी...तब तक जब तक कि मैं जलकर राख नहीं हो जाऊँगी...

हिमाद्रि : कांग्रैचुलेशन्स मिस राय! आपकी दुनिया बनी रहे।

[हिमाद्रि खिड़की की ओर चला जाता है। मिलि अँधेरे में गायब हो जाती है।

हिमाद्रि खिड़की में घूमकर खड़ा होता है। उसकी

आँखों में विह्वल पीड़ा का भाव है। अचानक आगे आकर सातू और शशि का कन्धा पकड़कर झकझोरने लगता है।]

सातू बाबू! शशि दा! सुना! ज्यादा पीकर कभी भी गाड़ी मत चलाइएगा। ज्यादा पीकर चलाने से न, जोर से चलाने की इच्छा करती है...ज्यादा पी लेने पर होश-हवास तो दुरुस्त रहता नहीं। खूब जोर से चलाने का मन करता है। पचास मील-साठ मील-पैंसठ मील-और फिर...उसके बाद...

[हिमाद्रि हाँफने लगता है।]

उसके बाद पेड़ से धक्का लगकर गाड़ी चकनाचूर हो जाती है...शरीर चिथड़े-चिथड़े हो जाता है-ऐसा कि पहचाना भी न जा सके-शशि दा, एकदम भुरकुस...ओह! क्यों? क्यों? मैं...

[इस बीच शशि और सातू उठकर हिमाद्रि को पकड़ते हैं। कार्तिक भी उठता है।]

सब : हिमाद्रि, हिमाद्रि! क्या हुआ? बैठो-बैठो...

[हिमाद्रि और जोर से बोले जाता है।]

हिमाद्रि : क्यों? क्यों मैंने...? क्यों...?

शशि / कार्तिक : बैठो हिमाद्रि, बैठो।

सातू : यह लीजिए...एक घूँट पीजिए तो।

[सातू जबर्दस्ती उसे एक घूँट पिलाता है। हिमाद्रि खाँसने लगता है। फिर अचानक शान्त हो जाता है।]

हिमाद्रि : *(भरे-भरे स्वर में)* एक्सीडेंट था शशि दा...एक्सीडेंट... सुसाइड नहीं। सुसाइड क्यों होगी! एक्सीडेंट। हाँ न?

[कोई उत्तर नहीं देता। हिमाद्रि थका हुआ-सा बैठा रहता है। शशि और कार्तिक अपनी-अपनी जगह

जाकर बैठ जाते हैं। सातू दरवाज़े पर जाकर खड़ा होता है। लड़की पर रोशनी पड़ती है।]

लड़की : आम का पत्ता जोड़ा-जोड़ा। मारा चाबुक दौड़ा घोड़ा। छोड़ रास्ता खड़ी हो बीबी। आता है यह पगला घोड़ा । पगला घोड़ा...

[अचानक खिलखिलाकर हँस पड़ती है।]

(हँसते-हँसते) पगला घोड़ा-घोड़ा पगला गया है-हर समय पगलाया ही रहता है--हर समय...

[दरवाज़े के बाहर आकर सातू एक ढेला उठाकर खींचकर मारता है।]

सातू : ले बेटा।

[कुत्ता दो बार भौं-भौं करता है जैसे उलटकर वार का बदला लेने की कोशिश कर रहा है। सातू इस बार बड़ा ढेला खींचकर मारता है। एक बार भौं-भौं करके कुत्ता एकदम शान्त हो जाता है मानो मर गया हो। सातू हाथ झाड़ते-झाड़ते भीतर आता है।]

लड़की : भुलुआ!

सातू : वही कुत्ता है। फिर आकर बैठा है।

लड़की : ना, यह दूसरा कुत्ता है। भुलुआ तो मर गया-कब का।

कार्तिक : जहन्नुम में जाए।

सातू : हाँ और क्या!

लड़की : मरेगा तो है ही। लछमी के मर जाने पर भुलुआ कैसे जिन्दा रह सकता है!

सातू : जानते हैं, उस कुत्ते को मैं पालने की सोच रहा था।

कार्तिक : किस कुत्ते को?

सातू : भुलुआ को।

कार्तिक : उसी नमकहराम कुत्ते को जिसकी बात मैं कर रहा था।

कार्तिक : हाँ-हाँ-आप...

शशि : दो साल पहले जिसके साथ आपका पुनर्मिलन हुआ था?

[इस बार सातू स्वाभाविक अट्टहास नहीं करता।]

सातू : हाँ, पुनर्मिलन ही कह लीजिए।...कितना बुलाया पर वह आया ही नहीं।

शशि : कहाँ से नहीं आया?

सातू : ऐं?

शशि : पूछ रहा था कि पुनर्मिलन कहाँ हुआ था?

सातू : ऐसे ही–रास्ते में...

लड़की : क्या?

सातू : नहीं, रास्ते में नहीं...*(जरा रुककर)* श्मशान में आसनमोल जिले में, एक ऐसे ही गाँव के सूने श्मशान में...

[सातू घूमकर खिड़की के पास जाता है। बाहर देखता रहता है। कार्तिक-शशि-हिमाद्रि अन्धकार में धूमिल-से हो गए हैं। लड़की झुककर सातू को देखती रहती है।]

लड़की : *(फुसफुसाकर)* लछमी! लछमी! लछमी!

सातू : लछमी!

[लड़की लछमी बनकर खड़ी होती है। सातू घूमकर उसके पास आता है।]

लछमी!

[लछमी हँस पड़ती है।]

लछमी : बाबूजी, आप हमें लछमी क्यों पुकारते हैं? हमारा नाम तो लक्ष्मी है...

सातू : तू मुझे बाबूजी क्यों कहती है? मेरा नाम तो...

लछमी : बा...बा! भला हम आपका नाम कैसे ले सकते हैं?

सातू : *(हँसकर)* क्यों लछमी? मैं तेरा आदमी हूँ क्या कि तू मेरा नाम नहीं ले सकती?

[लछमी दूसरी ओर देखती रहती है। उसके मुख पर

आन्तरिक आनन्द की आभा है मानो 'आदमी' शब्द को बार-बार मन-ही-मन दोहरा रही हो।]

क्या हुआ? बोलो।

[लछमी धीरे-धीरे घूमकर देखती है।]

लछमी : नहीं।

सातू : तब?

लछमी : उससे बहुत ज्यादा।

सातू : अरे बाप रे! आदमी से भी ज्यादा! वह क्या होता है?

लछमी : पता नहीं।

सातू : तुझे तो कुछ भी पता नहीं होता। हर बात में-पता नहीं।

लछमी : हम पढ़े-लिखे थोड़े ही हैं बाबूजी!

सातू : हँह! पढ़-लिख लेने से ही क्या सब कुछ जाना जा सकता है?

लछमी : बाप रे! पढ़-लिख के भी न जाना जाएगा!

[सातू रूमाल निकालकर मुँह पोंछता है।]

सातू : घंटा जाना जाएगा!

लछमी : *(हाथ बढ़ाकर)* दो।

सातू : क्या?

लछमी : रूमाल। धो दें।

सातू : आज ही तो धुला हुआ दिया है। फिर क्या धोएगी?

लछमी : दो न बाबूजी। हम दूसरा साफ रूमाल देते हैं।

सातू : देख लछमी, मैं दिन-भर धूल-धक्कड़ में काम करता हूँ। इतनी सफाई मुझे नहीं पोसाएगी।

लछमी : *(करुण स्वर में)* हमें अच्छा जो लगता है।

सातू : तू तो मुझे चौपट करके छोड़ेगी लछमी।

लछमी : *(चौंककर)* हम?

सातू : और नहीं तो क्या? एकदम निकम्मा बना देगी। अपने हाथ से कुछ करने ही नहीं देती।

लछमी : *(निश्चिन्त होकर)* ओ!

[बाहर कुत्ता दो बार आवाज देता है।]

सातू : तेरा भक्त आ गया। जा, उसे खाने को दे आ।

लछमी : *(हँसकर)* बाबूजी, भुलुआ तुम्हें फूटी आँख नहीं सोहाता न!

सातू : *(हँसकर)* अरे, पर उपाय क्या है? उसे तो देखना ही पड़ेगा। मैंने उसे देखना छोड़ा तो तू मुझे ही छोड़ देगी।

[लछमी जाने के लिए मुड़ी थी, अचानक चौंककर घूमती है।]

लछमी : बाबूजी!

सातू : क्या हुआ?

[लछमी जरा देर उसे देखती रहती है।]

लछमी : बाबूजी, हम तो तुम्हें मर के ही छोड़ेंगे। हाँ, आपै छोड़ दो तो...

सातू : मुझे तो दोनों में से किसी का चांस नहीं दिखता! तुम अच्छी-खासी तगड़ी हो, जल्दी मरने से रहीं। रहा मैं, सो तुझे छोड़कर मेरा गुजारा कैसे होगा?

[लछमी का चेहरा आनन्द से चमक उठता है। कुत्ता फिर आवाज देता है। लछमी जल्दी से चली जाती है।]

लछमी : भुलुआ...भुलुआ...आ...आ...।

[सातू लौट पड़ता है। भीतर धीरे-धीरे प्रकाश होने लगता है। हिमाद्रि चौकी के कोने पर सिर रखे जैसे सो गया है।]

कार्तिक : तारा...तारा माँ!

शशि : कार्तिक बाबू, आपकी मातृ-भक्ति से तो तबीयत बोर हो गई।

कार्तिक : भक्ति? भक्ति कहाँ दिखी आपको?

शशि : भक्ति नहीं है तो फिर बार-बार यह हाँक क्यों लगाते हैं?

कार्तिक : यह हाँक लगाकर मैं दिमाग की गैस बाहर निकाल देता हूँ।

शशि : गैस बाहर निकालने की जरूरत क्यों पड़ती है?

कार्तिक : सेफ्टी वॉल्व। न निकालने से दिमाग फट गया तो?

[सातू खिड़की पर खड़ा है।]

शशि : फट जाएगा तो फट जाए! उससे क्या दुनिया इधर की उधर हो जाएगी?

कार्तिक : अरे, शशि बाबू, सब चारों ओर बिखर जो जाएगा। दिमाग में जो कुछ भरा है न, सब चारों ओर...

शशि : तो कौन बड़ा भारी नुकसान हो जाएगा!

कार्तिक : मेरा क्या नुकसान होगा! आप ही लोग परेशान होंगे, नाम धरेंगे और क्या? कहेंगे कि बुड्ढे की खोपड़ी में न जाने कहाँ का कूड़ा-कचरा भरा था!

शशि : आप फिर फालतू बातें करने लगे।

कार्तिक : अच्छा बाबा अच्छा, अब और नहीं करूँगा। *(जरा रुककर जोर से)* तारा...तारा माँ!

[शशि चिढ़कर गिलास उठाकर एक घूँट पीता है और जोर से गिलास वापस रख देता है।]

सातू : *(धीरे-धीरे)* कार्तिक बाबू, आपका मोची ही मजे में रहा।

कार्तिक : अच्छा! सो कैसे?

सातू : उसे कुछ मिला नहीं सो आराम से कुछ मिलने की आशा में ही उसने सारा जीवन काट दिया। सबको ऐसा कहाँ नसीब होता है! हमें कोई चीज हाथ लगी नहीं कि गोलमाल शुरू हुआ। हममें से कोई भी चीज को ठीक से रखना तो जानता नहीं। जैसे बच्चे मिट्टी के खिलौने को तुरन्त तोड़-फोड़कर टुकड़े-टुकड़े कर डालते हैं वैसे ही हम भी पल-भर में हाथ लगी चीज को चूर-चूर कर डालते हैं और फिर भैं-भैं करके रोने बैठ जाते हैं।

[इस बीच लड़की पर रोशनी पड़ने लगी है।]

कार्तिक : आपने बात कुछ गलत नहीं कही, सातू बाबू!

लड़की : पर टूटे बिना पता कहाँ चलता है कि कुछ मिला था। बोलो, पता चलता है?

सातू : अच्छा, हम लोग ऐसा क्यों करते हैं?

कार्तिक : क्या?

लड़की : *(खिलखिलाकर हँस पड़ती है)* नहीं जानते? पगला घोड़ा! पगलाया ही है। सब तहस-तहस कर रहा है। *(अचानक करुण स्वर में)* पगला घोड़ा, तुमने मुझे भी ऐसे ही तहस-नहस क्यों नहीं कर डाला? ऐसे ही–लछमी की तरह? मालती की तरह? मिलि की तरह? मैं क्या केवल जलूँगी ही? कभी जुड़ाऊँगी नहीं?

कार्तिक : तो आपका मतलब है कि मोची ही सबसे मजे में था? उसने कुछ पाया नहीं, इसीलिए?

[सातू जवाब नहीं देता। लड़की लछमी के रूप में आगे आती है।]

लछमी : *(दबे गले से पुकारते हुए)* बाबूजी! बाबूजी!

सातू : कौन?

लछमी : दरवाजा खोलो बाबूजी! हम लछमी हैं।

सातू : लछमी तू? इतनी रात गए?

[लछमी सिर नीचा किए खड़ी रहती है, जवाब नहीं देती।]

आ, भीतर आ।

[लछमी एक कदम आगे आती है। सातू पास आता है।]

क्या हुआ?

[लछमी चुप]

कुछ बोलेगी भी या नहीं?

लछमी : *(टूटे अस्पष्ट स्वर में)* हम वहाँ और नहीं रह सकते बाबूजी!

सातू : क्यों, क्या हुआ?

[लछमी चुप]

मालकिन बुरा बर्ताव करती हैं?

[लछमी गरदन हिलाकर ना करती है।]

तब? मालिक? वे कुछ कहते हैं?

[लछमी इस बार भी ना करती है।]

तब फिर क्या हुआ? नौकर-चाकर तंग करते हैं? या बाहर का कोई?...

[लछमी हर बार सिर हिलाकर अस्वीकार करती है।]

(अधीर होकर) तब फिर वहाँ क्यों नहीं रह सकती?

लछमी : हमें अपने पास रख लो बाबूजी।

सातू : अपने पास रख सकता तो क्या वहाँ भेजता?

[लछमी चुप रहती है।]

बोल, रख सकता तो क्या यह इन्तज़ाम करता?

[लछमी चुप रहती है।]

सुन, तू थोड़े दिन और देख ले। जान-पहचान के अच्छे परिवार में तेरा इन्तजाम करवा दिया है। अच्छी तरह काम करेगी तो आराम से जिन्दगी कट जाएगी। तू तो काम करने से घबड़ाती नहीं।

लछमी : हमें अपना काम करने दो बाबूजी।

सातू : *(चिढ़कर)* फिर वही बात! कितनी बार कह चुका हूँ कि इस तरह तुझे अपने पास रखने से मेरा काम-काज सब चौपट हो जाएगा। एक भी कन्ट्रैक्ट नहीं मिलेगा। तब खर्चा कैसे चलेगा? और तुझे ही कहाँ से खिलाऊँगा?

[लछमी खड़ी होकर चुपचाप रोने लगती है।]

(नरम स्वर में) सुन लछमी–

[लछमी के कन्धे पर हाथ रखता है। लछमी उसके पैर के पास बैठ जाती है।]

लछमी : हमें अपने पास रख लो बाबूजी। हम एकदम छिप के रहेंगे, कोई न जान पावेगा। हम कभी तुम्हारे बैठका में पैर न रखेंगे। तुम हमें छूना मत, हमसे बात भी मत करना, कुछ न कहेंगे। बस हमें अपने पास रख लो बाबूजी। अपना काम करने दो...हम कोई से न कहेंगे...कोई नहीं जानेगा...

सातू : तेरा दिमाग खराब हो गया है? मेरा लम्बा–चौड़ा मकान है क्या जो तुझे उसमें छिपाकर रखूँगा? तम्बू में, झोंपड़ी में तू कहाँ छिपेगी? जो देखेगा वही पूछेगा–यह कौन है? तब मैं क्या जवाब दूँगा?

लछमी : कह देना–मेरी नौकरानी है।

सातू : देख, ये सब बातें हम लोग बहुत बार कर चुके हैं। मैं अकेला आदमी–तुझ जैसी औरत को नौकरानी रखे हूँ, यह देखकर लोग मेरे बारे में क्या सोचेंगे, बता? इससे मेरे काम पर असर पड़ेगा।

लछमी : कोई नहीं देख पाएगा बाबूजी, कोई नहीं। हम छिपे–छिपे रहेंगे। हमें भगाओ मत बाबूजी...हमें अपने पास रहने दो बाबूजी...

[लछमी सातू के दोनों पैर पकड़कर जोर से झकझोरती है। सातू चिढ़कर हट जाता है। लछमी गिर पड़ती है।]

सातू : तू ऐसी पागलों जैसी बातें करती है, जिसका ठिकाना नहीं।

[लछमी पड़ी–पड़ी रोने लगती है। सातू उसे उठाता है।]

उठ, उठ लछमी, घर जा।

लछमी : घर?

सातू : हाँ, वही तेरा घर है लछमी। वे लोग बड़े अच्छे आदमी हैं, पैसेवाले भी हैं। माधव बाबू बहुत बड़े ठीकेदार हैं। ऐसे घर में रहकर तेरा भला ही होगा लछमी।

लछमी : भला होगा?

सातू : कोशिश करके देख न, कोई तकलीफ नहीं होगी। काम में मन लगा। भुलुआ तेरे पास है ही, उससे भी मन लगा रहेगा। धीरे-धीरे तू सब कुछ भूल जाएगी।

लछमी : भूल जाएँगे?

सातू : हाँ, लछमी, हाँ। दुनिया में बहुत कुछ भूलना पड़ता है, भूल भी जाता है।

लछमी : तुम हमें एकदम भूल गए हो बाबूजी?

सातू : फिर वही फालतू बातें! जा, घर जा।

लछमी : तुमने हमें क्यों बचाया था बाबूजी? जहाँ थे, वहीं मर क्यों नहीं जाने दिया बाबूजी?

सातू : लछमी!

लछमी : बोलो न बाबूजी, जवाब दो। गुंडे तो ऐसी न जाने कितनी लड़कियों को चुराकर लाते हैं। लड़कियों को खरीदते-बेचते हैं, इसी का रोजगार करते हैं। तुम हमें क्यों ले आए? तुम क्यों...

सातू : लछमी!

लछमी : तुमने काहे उन लोगों के साथ मार-पीट की? तुम काहे छुरा देखकर डरे नहीं? जान का डर तुम्हें काहे नहीं लगा?

सातू : लछमी, अब इन सब बातों को...

लछमी : बोलो न? बोलो न? हमारे लिए, सब हमारे लिए किया था न?

सातू : मान लो किया ही हो तो?

लछमी : तो फिर आज हमें अपने पास से दूर काहे भगा दे रहे हो बाबूजी?

सातू : इसे भगाना कहते हैं?

[लछमी चुप रहती है।]

जा, अब घर लौट जा। जा।

[लछमी घूमकर अन्धों की तरह पैर घसीटते-घसीटते

चली जाती है। उसके चले जाने तक सातू उसे देखता रहता है।]

कार्तिक : *(खाली गिलास को घुमा-फिराकर देखता है)* बोतल क्या खाली हो गई भैया?

[कोई जवाब नहीं देता]

ओ सातू बाबू!

सातू : *(चौंककर)* ऐं!

कार्तिक : आप कहाँ थे?

सातू : *(आगे आकर)* यहीं तो।

कार्तिक : बोतल खाली हो गई?

सातू : नहीं, अभी तो है। *(ढालता है। खुद भी लेता है।)* शशि बाबू, आपने उस समय एक प्रश्न पूछा था। अब मैं एक प्रश्न पूछूँ?

शशि : हाँ-हाँ, बड़ी खुशी से। पर उत्तर नहीं पाइएगा।

सातू : क्यों?

शशि : इसलिए कि किसी भी प्रश्न का उत्तर होता ही नहीं।

कार्तिक : आप पूछिए न सातू बाबू!

सातू : मान लीजिए...मान लीजिए आपको कोई कीमती हीरा रास्ते में नाली में पड़ा मिल जाता है। आप उसे उठा लाते हैं पर घर लाने पर लगता है कि इतना कीमती हीरा घर में रखने लायक आपकी सामर्थ्य नहीं है। इसलिए आप उसे...

कार्तिक : हीरा कीमती था इसलिए? या उसे रखने की सामर्थ्य नहीं थी, इसलिए?

सातू : *(जरा रुककर)* अच्छा ऐसे ही सही। आप उसे बड़े जतन से कुछ दिनों के लिए अपने किसी अच्छे दोस्त के पास रख देते हैं...ऐसे दोस्त के पास जो उसे रख सकता है...जिसके पास उसे रखने की जगह है...

कार्तिक : कुछ दिनों के लिए जतन से रख देते हैं या दे देते हैं?

सातू : *(रुककर)* अच्छा, मान लीजिए दे ही दिया। वहाँ अच्छी तरह रह सकेगा, यह सोचकर दे ही दिया।

कार्तिक : अर्थात् उससे छुट्टी पाई।

सातू : नहीं।

कार्तिक : अच्छा बाबा, अच्छा, दे ही दिया। आगे बोलिए।

सातू : पर वह उस हीरे का दुरुपयोग करता है। अपने स्वार्थ के लिए वह उसे किसी बड़े आदमी को भेंट दे देता है। वह बड़ा आदमी उस हीरे से खिलवाड़ करता है और हीरा घूम-फिरकर फिर उसी गन्दी नाली में पहुँच जाता है।

कार्तिक : आदमी को आदमी ही रहने दीजिए न, उसे फालतू हीरा-फीरा क्यों बनाते हैं?

[सातू चुप रहता है।]

आपका सवाल क्या है?

सातू : क्या उसे उठाकर लाना गलत था? या उसे किसी और को देना गलत था?

कार्तिक : गलत? अरे सातू बाबू, आदमी जो कुछ भी करे वह गलत ही होता है। इसलिए यह गलत शब्द कोई अर्थ नहीं रखता।

सातू : तब उसे क्या कहूँ? दोष? अपराध?

कार्तिक : यह सब एक ही बात है। असल में आदमी का आदमी होना ही सबसे बड़ा अपराध है।

[लड़की पर पुनः प्रकाश पड़ता है।]

शशि : कार्तिक बाबू, आप फिर फालतू बातें करने लगे।

कार्तिक : फालतू बातें? तो जाने दीजिए तब फिर-तारा...तारा माँ!

[सातू कुछ सोचते-सोचते दरवाज़े के पास जाता है। अचानक झुककर खड़ा हो जाता है।]

सातू : आः-आः-चू-चू-चू-चू-भुलुआ! मुझे पहचान नहीं पा रहा है? आः-आः, चू-चू...

लड़की : वह तो नहीं आएगा। कैसे आएगा? लछमी जल जो रही है। उधर...जल रही है। वह क्यों आएगा?

सातू : भुलू! भुलुआ!

कार्तिक : अभी तो लकड़ी से मारा, अब फिर पुचकार रहे हैं। बात क्या है सातू बाबू?

[लड़की अन्धकार में खो जाती है। सातू सीधे खड़ा होकर घूमकर देखता है। उसकी दोनों आँखें विचित्र ढंग से जल-सी रही हैं। मुँह पर बेचैनी की हँसी है। हँसी ऐसी, मानो हँसी का मुखौटा लगा रखा हो। सातू अचानक कार्तिक के पास आता है। झुककर कार्तिक के चेहरे के पास चेहरा ले आकर फुसफुसाकर बातें करने लगता है।]

सातू : बात? सुनिएगा? बात यह थी कि एक बार आसनसोल जिले के एक शहर के एक खास मुहल्ले के एक खास मकान के एक खास कमरे में मैं एक खास काम में लगा था। बगल के एक कमरे में एक लड़की मौत से लड़ रही थी। उसे टी.बी. हो गई थी और कोई एक खास बीमारी भी थी। मैं जब देखने गया, तब वह मर चुकी थी। मर न गई होती तो देखने क्यों जाता, आप ही बतलाइए, न जाने कितने ही लोग मरते हैं, कहाँ तक देखा जाए? एकदम मर गई थी इसीलिए गया...

[गिलास उठाकर एक साथ ढेर-सी पी जाता है। उसके बाद फिर पहले की ही तरह झुककर अपनी बात चालू रखता है।]

जाकर क्या देखता हूँ कि एक आवारा कुत्ता उसके बगल में बैठा है, किसी को पास जाने ही नहीं देता। भला यह भी कोई बात थी! हम कई लोगों ने मिलकर कुत्ते को खदेड़कर बाहर किया। फिर कफन-काठी लाकर 'राम-नाम सत्य है' करते-करते इसी तरह के एक सूने श्मशान में ले जाकर...

[एक घूँट और पीकर गिलास नीचे रख देता है]

न जाने क्यों, लोगों ने मुझे ही आग देने को कहा। न जाने क्यों मेरे मन ने भी कहा कि मुझे ही आग देनी चाहिए। पर

जैसे ही मैं आग देकर घूमा, वह कुत्ता...

[बाहर कुत्ता जोरों से रो उठता है। सातू पागलों की तरह चिल्लाता हुआ एक ही छलांग में बाहर आ जाता है और पत्थर खींच-खींचकर कुत्ते को मारने लगता है। साथ ही बोलता जाता है-]

गेट आउट! गेट आउट! गेट आउट, यू ब्लडी सूअर का बच्चा!

[हिमाद्रि हड़बड़ाकर उठ बैठता है। शशि चौंककर खड़ा हो जाता है। कार्तिक अपनी जगह पर वैसे ही बैठा रहता है।]

हिमाद्रि : क्या हुआ? सातू बाबू...अरे ओ सातू बाबू...

[उठकर खड़ा हो जाता है।]

कार्तिक : *(हाथ से इशारा करते हुए)* बैठो, बैठो। कुछ नहीं हुआ।

[सातू थोड़ी देर तक बाहर की ओर देखते हुए दरवाज़े पर खड़ा रहता है। फिर जल्दी से भीतर की ओर जाता है।]

हिमाद्रि!

हिमाद्रि : ऐं?

कार्तिक : एक बार और उलट-पुलट आओगे?

हिमाद्रि : हाँ, जाता हूँ।

कार्तिक : जरा सातू बाबू को भी देख लेना।

हिमाद्रि : अच्छा।

[दरवाज़े तक जाता है।]

कार्तिक : उन्हें छेड़ना मत। बस देख लेना।

[हिमाद्रि घूमकर देखता है। फिर बिना कुछ बोले चला जाता है।]

शशि : क्या बात है कार्तिक बाबू? हुआ क्या?

[अँधेरे में ही लड़की खिलखिलाकर हँस पड़ती है।

उस पर रोशनी पड़ती है।]

लड़की : तुम नहीं जानते कि क्या हुआ? नहीं जानते? पगला घोड़ा। घोड़ा पगला गया है।

[हँसते-हँसते लोटपोट हो जाती है।]

कार्तिक : हुआ वही जो हर आदमी को होता है।

शशि : हर आदमी को क्या होता है?

कार्तिक : पागलपन सवार हो जाता है, हर आदमी रह-रहकर पगला जाता है।

शशि : *(जरा रुककर)* आपको तो पगलाते नहीं देखा!

कार्तिक : मेरे जीवन में शायद कुछ ऐसा घटा ही नहीं कि पगलाता।

लड़की : सच? सच कह रहे हो? पगला घोड़ा ने तुम्हारी ओर भी नजर नहीं डाली? तुम्हारी ओर कभी नहीं गया? मेरी ही तरह तुम भी हो? सच?

शशि : क्यों?

कार्तिक : ऐं?

शशि : आपके जीवन में कुछ घटा क्यों नहीं?

कार्तिक : क्या पता!

लड़की : ऐसा क्यों होता है? इतनी ज्यादती क्यों? पगला घोड़ा सबको क्यों नहीं देख पाता? काना है क्या? ओ, समझ गई। उसकी आँखों पर पर्दा पड़ा रहता है न, इसीलिए।

शशि : अच्छा कार्तिक दा...

कार्तिक : बोलो।

शशि : यह लड़की मरी कैसे?

लड़की : यह जानकर क्या होगा? क्या होगा?

कार्तिक : हार्ट फेल। हार्ट की ही कोई बीमारी थी।

शशि : हार्ट की बीमारी?

कार्तिक : एनजाइना पेक्टोरिस।

शशि : ओ! *(जरा रुककर)* सर्टिफिकेट में डॉक्टर ने यही लिखा होगा।

कार्तिक : हाँ।

शशि : ओ! *(जरा रुककर)* यही सोच रहा था।

कार्तिक : ऐं?

शशि : मैंने कहा कि मैं यही सोच रहा था।

कार्तिक : ओ! *(जरा रुककर)* तारा...तारा माँ! *(एक घूँट पीकर)* क्या सोच रहे थे?

शशि : यही कि लड़की मरी कैसे?

कार्तिक : ओ!

लड़की : क्या करोगे जानकर? उससे क्या बनता-बिगड़ता है? मैं जिन्दा ही क्यों रही? मैंने जिन्दगी में क्या पाया? किसी को क्या दिया, कोई बता सकता है?

शशि : आप जानते हैं?

कार्तिक : क्या?

शशि : फिर यह मरी कैसे?

कार्तिक : हाँ।

शशि : *(जरा रुककर)* कैसे?

कार्तिक : दम बन्द होने से।

[लड़की दोनों हाथों से गला पकड़ लेती है।]

शशि : *(जरा रुककर)* फाँसी लगाकर?

कार्तिक : हाँ।

शशि : आपको कैसे पता?

कार्तिक : डॉक्टर ने बतलाया।

शशि : डॉक्टर ने आपको हिस्सा नहीं दिया?

कार्तिक : दिया था।

शशि : *(जरा रुककर)* आपने लिया नहीं?

कार्तिक : *(जरा रुककर)* नहीं।

शशि : *(जरा रुककर)* क्यों?

[कार्तिक जरा-सा हँसता है। फिर गिलास उठा लेता है।]

कार्तिक : तारा...तारा...ब्रह्ममयी–माँ!

[लड़की अचानक जलती हुई आँखों से कार्तिक की ओर देखती है।]

लड़की : तुम्हारे भीतर क्या भरा है? तुम ऐसे ठंडे, निर्विकार कैसे रह सकते हो? तुम्हारे भीतर जलन नहीं होती? पगला घोड़ा के अन्याय–अविचार से तुम्हारे अन्दर धू–धू करके ज्वाला नहीं उठती?

शशि : कार्तिक दा!

कार्तिक : ऊँ।

शशि : मेरा नशा अब जोर कर रहा है।

कार्तिक : अच्छा। *(रुककर)* पर इस सत्य का पता कैसे चला?

शशि : लड़की के लिए मन में दुख हो रहा है।

लड़की : दुख? मैं मर गई हूँ, इसीलिए?

[खिलखिलाकर हँस पड़ती है।]

कार्तिक : लड़की के लिए मरना–जीना सब एक–सा हो गया है। क्या फर्क पड़ता है?

[खड़ा होकर अँगड़ाई लेता है।]

तारा...तारा माँ।

शशि : लड़की जिन्दा नहीं रहना चाहती थी?

कार्तिक : क्यों चाहती? वह तो जानती ही न थी।

शशि : क्या?

कार्तिक : कि जिन्दा रहने का क्या लाभ है?

लड़की : तुम्हीं बोलो क्या लाभ था? क्या लाभ था?

[कार्तिक खिड़की के पास जाकर खड़ा होता है।]

शशि : वह मरना चाहती थी?

कार्तिक : हाँ, बीच–बीच में ऐसा भी सोचती थी।

शशि : किसी तकलीफ के कारण?

कार्तिक : ना। *(जरा रुककर दृढ़ स्वर में)* ना।

[लड़की दो कदम आगे आती है–जैसे करुण दृष्टि से वह कार्तिक से कुछ माँग रही हो।]

लड़की : नहीं दीजिएगा।

कार्तिक : ना।

लड़की : क्यों नहीं दीजिएगा?

कार्तिक : क्यों दूँ?

लड़की : मेरे जिन्दा रहने का क्या माने है?

कार्तिक : *(जरा रुककर)* तकलीफ और नहीं सही जा रही है?

लड़की : तकलीफ? *(जरा रुककर)* नहीं, तकलीफ नहीं है। मैं किसी तकलीफ के कारण नहीं आई हूँ।

कार्तिक : तब फिर?

[लड़की चुप रहती है, कार्तिक की नजर तेज हो जाती है–जैसे कुछ खोज रहा हो।]

तब फिर मरना क्यों चाहती हो?

लड़की : *(धीरे-धीरे)* पता नहीं। मैं आपको समझा नहीं पाऊँगी। जिन्दा रहकर क्या होता है? आदमी क्यों जिन्दा रहना चाहता है? उसे क्या मिलता है?

कार्तिक : तुम्हें कुछ मिला नहीं, इसीलिए तुम मरना चाहती हो?

लड़की : शायद।

कार्तिक : तुम क्या पाना चाहती हो?

लड़की : वह भी पता नहीं। कुछ चाहती जरूर हूँ, बस, इतना-भर जानती हूँ। कुछ मिलता नहीं है, यह भी जानती हूँ। क्या चाहना चाहिए, क्या पाया जा सकता है, यह सब तो कभी जाना नहीं।

[कार्तिक की दोनों मुटिठ्याँ बँध गई हैं]

आप बतला सकते हैं? पाने को क्या है? क्या पा लेने से जिन्दा रहा जा सकता है?

कार्तिक : तुम्हारी बात मैं नहीं जानता। पर हाँ, दूसरी बहुत-सी लड़कियों को यदि...

[रुक जाता है।]

लड़की : *(उत्सुकता से)* बोलिए न, रुक क्यों गए? दूसरी लड़कियों को क्या...

कार्तिक : *(दूसरी ओर देखते हुए)* ठीक से नहीं जानता। शायद प्रेम मिल जाए तो वे जिन्दा रह सकती हैं।

लड़की : प्रेम! *(सोचकर)* पर वह क्या है, कैसे मिलता है, मैं तो कुछ भी नहीं जानती। *(जरा रुककर)* इतने दिनों तक तो...इतने दिनों तक तो...*(अचानक)* अच्छा, आपकी तो काफी उम्र हुई...

कार्तिक : हाँ, इसमें भी कोई शक है।

लड़की : आपने तो बहुत-कुछ देखा-जाना है। आप बता सकते हैं?

कार्तिक : क्या?

लड़की : कि मेरे जैसी लड़की क्या कभी पा सकती है?

कार्तिक : क्या?

लड़की : प्रेम। किसी का प्रेम पा सकती है? किसी को प्रेम कर सकती है?

कार्तिक : *(जरा रुककर)* जिन्दा रहने से सब सम्भव है।

लड़की : सच? आप सच कह रहे हैं?

कार्तिक : पर उसमें भी कम तकलीफ थोड़े ही होती है!

लड़की : तकलीफ ही तो मैं चाहती हूँ...वही तो मुझे चाहिए। मुझे कोई तकलीफ, कोई दर्द नहीं होता इसीलिए तो आपके पास जहर माँगने आई हूँ। मैं मरना नहीं चाहती। मैं जिन्दा रहना चाहती हूँ—मैं दर्द चाहती हूँ, तकलीफ चाहती हूँ, पर...*(फिर हताश होकर)* पर वह क्या किसी दिन होगा? नहीं होगा। कभी नहीं होगा, मैं जानती हूँ।...आप मुझे जहर दे दीजिए।

कार्तिक : नहीं।

लड़की : ठीक है, मत दीजिए। दूसरे और उपाय भी हैं।

[घूम जाती है।]

कार्तिक : सुनो।

[लड़की फिर घूमती है।]

लड़की : क्या?

कार्तिक : तुम मेरी बात पर विश्वास क्यों नहीं करतीं?

लड़की : आप कैसे जानेंगे कि मुझे कितनी तकलीफ है और इन बातों पर विश्वास करना मेरे लिए कितना कठिन है।

कार्तिक : तुम मुझे थोड़ा और समय दोगी?

लड़की : समय? क्यों?

कार्तिक : ताकि मैं तुम्हें समझा सकूँ। तुम्हें विश्वास दिला सकूँ।

लड़की : *(धीरे-धीरे सिर हिलाकर)* सो नहीं हो सकेगा।

कार्तिक : उसके बाद तुम्हारी जो मर्जी आए, करना। यदि चाहोगी तो मैं जहर भी दे दूँगा।

लड़की : दीजिएगा।

कार्तिक : हाँ, दूँगा। तुम मुझे सात दिन का समय दो। सात दिन के बाद, इसी समय तुम आना। उस दिन यदि तुम्हें विश्वास न दिला सका तो जो चाहोगी, दूँगा।

लड़की : ठीक?

कार्तिक : ठीक।

लड़की : अच्छा...*(जरा रुककर)* देखूँ।

[लड़की चली जाती है। कार्तिक देखता रहता है।]

शशि : तब? क्यों?

कार्तिक : ऐं?

शशि : कोई तकलीफ नहीं थी तब फिर क्यों मरी?

कार्तिक : लगता है, शायद वह जिन्दा रहने का कोई कारण नहीं ढूँढ़ पाई...*(जरा रुककर)* बुद्धू...उसे मालूम नहीं था न!

शशि : क्या?

कार्तिक : कि जिन्दा रहने पर सब सम्भव होता है।

[लड़की पर रोशनी पड़ती है।]

लड़की : क्या? क्या सम्भव होता है?

कार्तिक : और कुछ दिन यदि वह जिन्दा रहती...

लड़की : तो क्या होता? मैं और कुछ दिन जिन्दा रहती तो तुम मुझसे क्या कहते? बकवास...एकदम बकवास...

कार्तिक : और कुछ दिन...

लड़की : क्या होता? तुम क्या मुझे मालती बना सकते? या मिलि? या लक्ष्मी? एकदम फालतू बात।...उससे तो जो हुआ, वही अच्छा हुआ। वहाँ जल रही है न, जले। जितनी मर्जी आए, जले।

शशि : उसके कुछ दिन और जिन्दा रहने से क्या होता?

कार्तिक : हो सकता है कुछ भी न होता! और कौन जाने, कुछ हो ही जाता! कौन कह सकता है!

लड़की : मैं कह सकती हूँ। कुछ नहीं होता। बहुत देख लिया है। बहुत। कुछ नहीं होता।

कार्तिक : खाली एक बात मन में आती है।

शशि : क्या?

कार्तिक : मान लो मेरी उस कहानी के मोची की तरह कोई उसके खाली मन को भी भर देता–कोई भी–बूढ़ा, काना, लँगड़ा, लूला कोई भी यदि उसके मन को भर देता–बहुत दिनों तक–सालों तक...

लड़की : वैसा कुछ नहीं हुआ...कुछ...नहीं...कुछ भी नहीं। काश...वैसा होता...

कार्तिक : और वह लड़की किसी दिन यदि यह जान पाती...तो भी क्या वह इस तरह जान देती?

लड़की : जान देती? *(हँस पड़ती है)* तुम नहीं जानते? क्यों?

शशि : कौन जाने! हो सकता है और तकलीफ पाती, फिर मरती।

लड़की : हाँ, मरती। मालती की तरह–मिलि और लक्ष्मी की तरह। पर तब मरने की कोई सार्थकता होती। जिन्दगी में कुछ पाकर मरती।

कार्तिक : क्या पता! शायद वही होता। सब प्रश्नों का उत्तर यदि आदमी के पास होता तो...

शशि : *(हँसकर)* आदमी आदमी न होता।

लड़की : पगला घोड़ा–तुमने वैसा क्यों नहीं किया? क्यों मैं किसी का मन न भर सकी? क्यों कोई और मेरा मन न भर सका? तुमने ऐसा क्यों नहीं होने दिया? तुम्हारी आँखों पर पर्दा क्यों पड़ा रहता है? क्यों? बोलो...

[हिमाद्रि लौटता है, उसके पीछे सातू है। सातू आते ही अपना गिलास खाली करता है।]

हिमाद्रि : शशि दा, अब करीब–करीब जल चुकी है।

लड़की : *(मरे-से स्वर में)* जल चुकी है? एकदम शेष हो गई? एकदम शेष हो...

[लड़की अन्धकार में खो जाती है।]

कार्तिक : *(बोतल उठाकर)* हाँ, बोतल भी शेष हो चली।

शशि : *(उठकर)* चलिए, चला जाए।

कार्तिक : *(बोतल दिखलाते हुए)* सातू बाबू?

सातू : नहीं, अब और नहीं।

कार्तिक : शशि बाबू?

शशि : ना।

कार्तिक : हिमाद्रि?

हिमाद्रि : नहीं। चलिए, चलें।

[ये तीनों कोने से गमछा उठाकर कमर में बाँधते हैं।]

कार्तिक : तुम लोग आगे बढ़ो, मैं इसे शेष करके आता हूँ। देर नहीं लगेगी।

शशि : *(हँसकर)* कार्तिक बाबू शेष किए बिना और शेष देखे बिना हिलते नहीं। चलिए सातू बाबू।

[तीनों का प्रस्थान। कार्तिक हाथ का गिलास एक घूँट में खत्म करता है। बोतल में कितनी बची है, इसे अच्छी तरह देखता है। उठकर सुराही से थोड़ा पानी गिलास में ढालता है। गिलास उठाकर देखता है–मानो नापकर भर रहा हो। थोड़ा-सा और पानी ढालता है। खड़े होकर बड़ी सावधानी से थोड़ा-सा फेंकता है।

फिर बोतल की सब व्हिस्की गिलास में ढालता है। लड़की पर रोशनी पड़ती है। वह बैठी कार्तिक को देख रही है।]

लड़की : यह क्या कर रहे हो?

[कार्तिक बड़ी सावधानी से टेंट से एक पुड़िया निकालकर उसमें का सफेद पाउडर गिलास में डालता है। उसका हर काम जैसे पहले से निश्चित किया हुआ हो।]

यह क्या? तुम क्या कर रहे हो?...क्या कर रहे हो?

[कार्तिक सामने की ओर मंच के बीच आ जाता है। आँख के सामने करके गिलास को धीरे-धीरे हिलाता है जिससे पाउडर मिल जाए पर पानी न छलके। उसके चहेरे पर एक शान्त हँसी है, जैसे अभी कोई बड़ी मजेदार बात सुनी हो।]

कार्तिक : कार्तिक कम्पाउंडर शेष किए बिना और शेष देखे बिना नहीं हिलता न? क्यों? सब शेष हो चुका है शशि बाबू! लीजिए, इस बार सब शेष!

लड़की : क्या कह रहे हो तुम?

कार्तिक : सात साल। सात साल तक मोची अपने अन्तर को भरे रहा– सात साल तक। कार्तिक कम्पांउडर! सात साल प्रतीक्षा करने के बाद तुमने सात दिन समय माँगा था, वह भी नहीं मिला।

[लड़की चौंककर खड़ी हो जाती है।]

लड़की : क्या? क्या कहा?

कार्तिक : जाने दो। अन्त देख लिया, अब और कुछ देखने को नहीं रहा। खेल खत्म!

लड़की : तुम...तुम सात साल तक...मुझे...मेरे लिए...?

कार्तिक : *(अत्यन्त शान्त भाव से गिलास उठाते हुए)* तारा...तारा माँ। चीयर्स!

लड़की : *(चीत्कार करके)* ना–ना–ना–ना–ना।

[कार्तिक गिलास को मुँह तक लाकर अचानक रुक जाता है। गरदन टेढ़ी करके जैसे कुछ सुनने की कोशिश करता है। न जाने क्या सोचता है।]

(चीत्कार करके) मुझे चिता पर से उतार लाओ। अभी भी जलकर राख नहीं हुई हूँ–अभी भी जल रही हूँ–उतार लाओ–पगला घोड़ा! मुझे लौटा लाओ, मुझे उतार लाओ, पगला घोड़ा!

[लड़की अन्धकार में डूबी जा रही है।]

पगला घोड़ा! पगला घोड़ा!

[लड़की अन्धकार में खो जाती है। केवल उसके चीत्कार की हल्की–सी ध्वनि 'पगला घोड़ा' गूँजती रहती है। मुँह के पास गिलास रखे कार्तिक जैसे कुछ सुनता रहता है।]

कार्तिक : *(धीरे–धीरे)* जिन्दा रहने पर सब सम्भव हो सकता है?–सात दिन समय नहीं दिया--केवल सात दिन चाहा था। मैं...मैं भी क्या...? तब क्या अभी शेष नहीं हुआ है? जिन्दा रहने पर सब कुछ सम्भव हो सकता है?

[कोई उत्तर नहीं देता। कार्तिक धीरे–धीरे गरदन घुमाकर इधर–उधर देखता है, मानो कुछ खोज रहा हो। बाकी शरीर अभी भी स्थिर है। उसके बाद गिलास को देखता है–एक लम्बी साँस खींचता है।]

तारा...तारा माँ!

[धीरे–धीरे गिलास का पानी जमीन पर गिरने लगता है। धीरे–धीरे पर्दा बन्द होता है–कार्तिक तब भी पानी ढालता ही रहता है।]

□□□